Der Teufel als Spielmann

Der Teufel als Spielmann

DIE SCHÖNSTEN SAGEN AUS DER MARK BRANDENBURG

Ausgewählt von Joachim Winkler

Illustriert von Gerhard Goßmann

BRANDENBURGISCHES VERLAGSHAUS

Herausgeber und Verlag danken Frau Irmtraud Carl
für die vielfältige Unterstützung bei der Veröffentlichung dieses Buches.

Der Teufel als Spielmann. Die schönsten Sagen aus der Mark Brandenburg.
Hrsg. Joachim Winkler. – 1. Aufl. – Berlin.
Brandenburg. Verl.-Haus, 1993. 88 S., 32 Abb.

ISBN 3-89488-009-0

1. Auflage

Printed in Germany
Gesamtgestaltung und Produktion: Günter Hennersdorf
Gesamtherstellung: INTERDRUCK Leipzig GmbH

Inhaltsverzeichnis

Die Lutchen und der Bauer auf der Hochzeit

In Werder wurde einst eine Bauernhochzeit gefeiert, zu der fast alle Einwohner erschienen. Nur einen Bauern hatte man nicht eingeladen. Und als die Gäste gerade an der reich mit Speisen gedeckten Hochzeitstafel saßen, pflügte er seinen Acker. Der lag auf der Zoßnitz, in der Nähe der Lütkenberge.

Da standen plötzlich Lutchen vor ihm. Und als er sich wunderte, daß sie sich am hellen Tage sehen ließen, fragten sie: «Warum bist du nicht auf der Hochzeit?» Er entgegnete: «Ich bin nicht geladen.» Da lachten sie und sagten: «Wir auch nicht. Trotzdem wollen wir aber beim Schmaus tüchtig mittun. Folge uns nur, wir werden dich unsichtbar machen. Dann kannst du essen und trinken, soviel du willst, nur darfst du nichts mitnehmen.» Auf diesen Vorschlag ging der Bauer fröhlich ein. Bald darauf saß er mitten unter den Gästen und schwelgte mit den Lutchen um die Wette.

Obgleich man immer neue Speisen auftrug, waren Teller, Schüsseln und Gläser ständig leer. Doch die Hochzeiter hatten sich überreichlich mit Speisen und Getränken versehen. Als der Bauer vollauf gesättigt war, dachte er: Es ist doch schade, daß meine Frau und die Kinder von dem herrlichen Festschmaus nichts haben sollen. Ich will ihnen eine Kostprobe mitbringen. Und zugleich wickelte er einige Gänsekeulen und mehrere Stücke Kuchen ein. Damit hatte er aber sein Wort gebrochen, das er den Lutchen gegeben hatte. Er wurde plötzlich sichtbar, und groß war das Erstaunen der im Hochzeitsstaat prangenden Gäste, unter sich einen Bekannten in Hemdsärmeln sitzen zu sehen. Nun konnte man sich erklären, wo die Speisen geblieben waren und bewunderte seine kräftige Eßleistung.

Auf die tüchtig mitschaffenden Lutchen kam keiner. Beschämt stand der Bauer auf und bat demütig um Entschuldigung. Doch die gut gelaunten Hochzeiter verziehen ihm alles und gaben ihm noch mehr mit, als er eingesteckt hatte.

Mündliche Erzählung aus Werder bei Beeskow

Das Irrlicht und der Groschen

Ein Ahrensdorfer Einwohner wollte einst nach Hause gehen, konnte aber in der Finsternis nicht den Weg finden. Da sah er Lichter auftauchen und erkannte sie als Irrlichter. Er bat eines, ihm den Weg zu zeigen. Er würde ihm auch einen Groschen dafür geben. Da nahm das

Irrlicht seine Laterne und leuchtete ihm. Als er vor seinem Hause angekommen war, prellte er das Irrlicht um das Geld und schlug ihm die Tür vor der Nase zu.

Kurz darauf hörte er, wie sein Vieh in den Ställen einen Höllenlärm machte, mit den Ketten rasselte und gegen die Wände schlug. Um festzustellen, was denn da vor sich ging, eilte der Bauer besorgt hinaus. Plötzlich erhielt er eine schallende Ohrfeige, er hörte ein Kichern und die Worte: «Das war für den Groschen.»

Mündliche Erzählung aus Ahrensdorf. Irrlichter sind auch bei Hartmannsdorf, Ragow und am Schmuling bei Limsdorf erschienen, bei Markgrafpieske und Spreenhagen.

Die Räuber auf dem Spinnfest

Eines Abends waren wieder einmal junge Mädchen und Burschen aus Rieplos bei einem Bauern zur «Spinnte». Sie erzählten sich allerlei gruselige Geschichten und kamen auch auf die Räubermühle bei Dickdamm zu sprechen. Einer der Burschen machte sich einen Scherz und fragte, ob es wohl jemand wagen würde, zur Mühle nach Dickdamm zu gehen. Da meldete sich ein armes Dienstmädchen und fragte, was sie dafür wohl bekäme. Zwar wurde sie ausgelacht, da man ihr nicht glaubte, als sie aber ernsthaft bei ihrem Vorsatz blieb, einigte man sich, ihr ein neues schwarzes Kleid zu kaufen. Flugs schob das Mädchen ihr Spinnrad beiseite und verließ die Stube. Man rief ihr noch nach, daß sie etwas zum Beweis aus der Mühle mitbringen möchte.

Als das Mädchen zur Mühle kam, war dort alles still. Sie fand alle Stuben verschlossen, bis auf ein Zimmer. Dort war aber kein handlicher Gegenstand vorhanden. Da machte sich das Mädchen daran, eine Kachel aus dem großen Ofen herauszubrechen. Als sie bei der besten Arbeit war, kehrten die Räuber heim und brachten ein gefangenes Mädchen mit, das ein Bündel Wäsche trug. Das Mädchen aus Rieplos versteckte sich schnell in der «Hölle» hinter dem Ofen. Da hörte sie denn einen Räuber fragen: «Wohin soll das Mädchen gebracht werden? In die Hölle bei die Sieben oder in den Kelcher bei die Acht?» Der Hauptmann gebot: «In den Kelcher bei de Acht!» Darauf stiegen sämtliche Räuber mit dem gefangenen Mädchen die Kellertreppe hinab.

Da war für das Mädchen aus Rieplos die Gelegenheit gekommen, zu entfliehen. Das auf dem Tisch liegende Wäschebündel nahm sie als Beweis mit. Sie eilte aber nicht auf der Straße nach Rieplos dahin, sondern nahm ihren Weg über die nassen, teils sumpfigen Koplenzer Wiesen.

Als die Räuber wieder aus dem Keller heraufstiegen, vermißten sie die Wäsche und merkten, daß sie ungebetenen Besuch gehabt hatten. Sie ließen sofort ihre Spürhunde frei und kamen dem Mädchen immer näher. Da galt es für das Mädchen, die Hunde in der Verfolgung aufzuhalten. Sie zerkleinerte im Laufen ihr Butterbrot und warf die Brocken bald links, bald rechts auf die Wiesen. So lenkte sie die Hunde ab und kam atemlos in Rieplos an, wo die Spinnerinnen mit Staunen und Bewunderung ihr Abenteuer vernahmen. Und während sie erzählte, merkten Nachbarn, wie die Räuber durch das Fenster sahen und die Erzählung des Mädchens belauschten.

Nach einigen Wochen veranstalteten die Leute von Rieplos das «Wardau», ein Spinnfest, und luden die Umgebung dazu ein. Hierzu erschienen mehrere gut gekleidete Männer, die keiner kannte. Sie tanzten aber mit keinem anderen Mädchen, nur mit dem besagten Dienst-

Die Räuber auf dem Spinnfest

mädchen. Kaum hatte der eine den Tanz beendet, als sie schon ein anderer wieder aufforderte. So wollten sie das Mädchen entweder tottanzen oder herauslocken und verschleppen. Da trat ein handfester Rieploser Bursche hervor, nahm den Arm des Mädchens und sprach: «Det is min Mäken.» Die Räuber brausten auf und wollten Gewalt anwenden. Als sie aber die drohende Haltung des Burschen sahen, verließen sie den Saal. Sie hätten nicht viel ausrichten können.

Das arme Mädchen aber vergnügte sich auf dem Feste in ihrem neuen Kleide.

Mündliche Erzählung aus Rieplos

Der Nyks am Schloßberg

Wo der Schreiber ertrunken ist, bei Lapans Bank oder Brückchen, ist noch jetzt eine Vertiefung, und ein Strauch steht da. Früher aber war dort tiefes Wasser.

Da kam einmal ein Soldat vorbei. Der hatte seinen Tornister auf und ging in Urlaub. Da saß dort ein kleines Männchen, grün mit roter Mütze. Das war der Nyks. Der sagte zu dem Soldaten: «Halt! Borge mir deinen Säbel. Ich werde in das Wasser steigen, und du sollst warten. Wenn rote, blutige Blasen heraufkommen, kannst du fortgehen. Wenn aber weiße, gelbglänzende kommen, dann warte, bis ich heraufkomme.» Dann ging er in das Wasser.

Der Soldat blieb stehen und sah bald weiße, helle Blasen heraufkommen. Dann stieg der Nyks aus dem Wasser, gab ihm den blutigen Säbel zurück und hieß ihn, den Säbel zu reinigen. Dafür, daß er ihm seinen Säbel geliehen, würde er von ihm noch eine Belohnung erhalten. Jetzt aber sollte er seinen Tornister packen und auf den Schloßberg gehen. Dort sitzt eine Frau und spinnt, und hinter ihr liegen glühende Kohlen, und zwei Hunde sitzen dabei. Von den Kohlen solle er dreimal nehmen, aber nicht mehr, soviel ihn auch die Frau nötigen würde. Sonst kostet es sein Leben. Und wenn er weiterging, sollte er immer nur geradeaus gehen und nicht ausweichen noch sich umsehen, bis er wieder zu Hause sei.

Der Soldat tat wie ihm geheißen, und wie er nun auf den Schloßberg kam, saß da eine Frau und spann. Sie forderte ihn auf, sich Kohlen zu nehmen. Der Soldat tat, wie ihm der Nyks geheißen, und nahm nur dreimal, ging dann weiter und immer geradeaus. Da hörte er hinter sich ein Gerumpel und ihm war, als wenn Pferdeschnauzen über seine Schulter schauten. Er aber sah sich nicht um. Wie er zu Hause war und durch das Hoftor ging, gab es ein großes Krachen, als fiele das Tor oder der Schuppen ein. Aber es war am Ende nichts zu sehen. Die Kohlen aber in seinem Tornister waren pures Gold und er nunmehr ein reicher Mann.

Aufgezeichnete Erzählung des Kito Pank aus Burg durch Willibald von Schulenburg nach 1872

Die weiße Brücke

Auf dem Wege von Beeskow nach Ranzig liegt die «Weiße Brücke». Einmal im Jahr erscheint hier eine weiße Dame, Fräulein Hoppe genannt.

Einst kam ein Bauer nachts um zwölf Uhr in dem Augenblick über die Brücke gefahren, als «Freeln Hoppen» erschien. Plötzlich war der Wagen nicht von der Stelle zu bringen, obwohl der Fuhrmann tüchtig auf die Pferde einhieb. Da dreht sich der Bauer um und sah die weiße Dame hinten auf dem Wagen sitzen. Er nahm

Der Nyks am Schloßberg

ihr den reichen Schmuck ab, den sie trug, und hob sie mit Gewalt vom Wagen herunter. Die Kostbarkeiten brachte er seiner Frau, die aber den Schmuck entsetzt ablehnte und ihren Mann anflehte, ihn zurückzugeben. Er fuhr in der nächsten Nacht wieder zu der weißen Brücke, wo auch richtig die weiße Dame wieder erschien und sich auf den Wagen setzte. Der Bauer hängte ihr den Schmuck wieder um. Sie aber gab ihm einen gewaltigen Backenstreich und verschwand. Die Pferde rasten mit dem Wagen nach Hause.

Drei Tage später war der Mann tot. Noch heute ist «Freeln Hoppen» bei den Fuhrleuten gefürchtet.

Mündliche Erzählung aus Beeskow

Der Zwerg und der Erbsenbauer

Ein Bauer aus Görsdorf hatte Erbsen gesät. Als sie beinahe reif waren, merkte er, daß alle Tage ein Teil der Früchte fehlte. Da beschloß er, sie abzumähen, und ging mit der Sense noch vor Sonnenaufgang auf das Feld.

Kaum hatte er ein Stück gemäht, hörte er einen markerschütternden Schrei und sah einen Zwerg, dem er ins Bein gehauen hatte. Er packte ihn sogleich und wollte den Dieb strafen. Der Zwerg aber jammerte: «Ich habe deine Erbsen nicht abgepflückt, das waren die Zwerge in jenem Berg.« Und er wies auf den Kolberg. Der Bauer hatte ein weiches Herz und ließ ihn frei. Dann ging er heim.

Als er nach einigen Tagen weitermähte, fand er im Erbsenfeld einen Beutel mit Gold. Nicht weit davon stand der Zwerg und sprach: «Nimm dies zum Lohn dafür, daß du mir das Leben geschenkt hast.»

Der Bauer kam durch die Gabe des Zwerges zu Wohlstand. Auch machte er alle Jahre eine gute Erbsenernte, und niemals wieder wurden ihm Erbsen gestohlen.

Aufgezeichnete Erzählung aus Görsdorf

Die Pschesponiza

Die ersten Einwohner in Leipe waren zwei Fischer. Die wohnten beide auf dem Berge, wo jetzt die Eichförsterei ist. Die fuhren nun alle Tage in die Fische. Wenn sie aber wegfuhren, stellten sie über Mittag einen Kessel mit Fischen auf das Feuer und ließen ihn lustig kochen. Wenn sie dann wiederkamen, sollte die Fischsuppe gar sein.

Meist aber war der Kessel umgeworfen und die Suppe ausgelaufen. Da blieb der eine Fischer zurück, um festzustellen, wer ihnen den Schaden antat. Aber leider schlief er gerade zu besagter Stunde ein, und wie der andere zurückkam, war der Kessel wieder umgeworfen. Da blieben sie beide am andern Tag zurück und wachten.

So um die Mittagsstunde kam da eine kleine graue, bucklige Frau. Die verwandelte sich Schlag zwölf in einen großen schwarzen Hund. Den fingen sich die beiden und banden ihn mit einem Strick aus Rüsternrinde fest an. Anderntags, wie sie wieder in die Fische fahren wollten, war der angebundene Hund noch da. Wie sie aber zurückkamen, war er verschwunden, und nur der Strick lag noch da. Da wußten sie, das war das Mittagsweib gewesen. Ihr Kessel aber wurde seitdem nicht mehr umgeworfen.

Aufgezeichnete Erzählung des Kito Pank aus Burg durch Willibald von Schulenburg nach 1872

Der Zwerg und der Erbsenbauer

Der Wendenkönig auf dem weißen Rosse

Auf weiter Heide unweit Lieberose hat in grauer Vorzeit ein heißer Kampf zwischen Deutschen und Wenden stattgefunden. Der letzte Wendenkönig kämpfte wie ein Held, aber ob er auch viele Krieger auf deutscher Seite niederschlug, schließlich mußte er doch der Übermacht weichen. Da erhob er sich auf seinem weißen Rosse hoch in die Lüfte, seine Kriegshelden folgten ihm, und bestürzt blickten die Deutschen den Wenden nach, bis sie in den Wolken verschwanden.

Auf der Heide bei Lieberose braust es oft um Mitternacht in den Lüften, und eine weiße Wolke eilt, vom Sturm getrieben, über die Heide dahin. Wer sie erblickt, der ruft erschreckt: «Das ist der Weiße», und damit meint er den letzten Wendenkönig auf seinem weißen Rosse, der keine Ruhe finden kann, nicht im Himmel und nicht auf Erden.

Ort: Lieberose

Der Teufel und der geldgierige Müller

Es war einmal eine arme Frau. Die hatte drei Kinder und war eine Witwe. Wenn sie Geld hatte, holte sie Brot beim Müller, denn der hatte Brot zu verkaufen. Manchmal, wenn sie kein Brot mehr hatte, holte sie es ohne Geld und bezahlte nachher. Einmal hatte sie wieder kein Brot und auch kein Geld. Sie schickte ihr ältestes Mädchen zum Müller. Wie sie das Brot aufgegessen, hatten sie wieder kein Geld mehr, um neues zu holen. Und der Müller weigerte sich, ihr ferner Brot ohne Bezahlung zu geben.

Einige Zeit später war die Frau nicht zu Hause, und die Kinder saßen lange allein in der Stube. Da fing es unter dem Kamin zu leuchten an, und es kam wie glühende Kohlen heraus. Die Kinder fürchteten sich, holten eine Mulde und trugen die glühenden Kohlen hinaus. Abends, als die Frau nach Hause kam, erzählten ihr die Kinder davon, und die Frau sah nach, was es mit den Kohlen auf sich hatte. Die waren lauter Geld geworden, bloß ein bißchen mit Erde vermischt, und sie waren froh, daß sie soviel Geld hatten. Anderntags schickte die Frau dem Müller die ausstehende Schuld zu. Der wunderte sich gar sehr, wo sie das viele Geld herhätten, und fragte die Kinder aus. Die aber waren dumm und erzählten ihm alles. Da dachte der Müller, daß er das Geld der Frau wegnehmen würde.

Noch am selben Abend kam der Müller ganz vermummt zu der Frau, er hatte sich in eine Ochsenhaut gehüllt mit Hörnern am Kopfe und bammelnden Klauen, und forderte alles Geld. Die Frau fürchtete sich zwar, gab aber das Geld nicht heraus. Da mußte der Müller ohne Erfolg wieder abziehen. Den anderen Tag aber kam er wieder, machte Lärm und gab sich für den Teufel aus. Wieder forderte er alles Geld, oder es sollte das Leben kosten. Aber die Frau war mutig, gab ihm auch diesmal nicht das Geld, sondern dachte nur, wie sie jemanden holen könnte, der ihr helfen würde.

Da kam ein vornehmer Fremder, ein Reisender in einem grünen Tuchanzug, und bat um ein Nachtlager. Die Frau wollte es ihm abschlagen, da sie zu arm sei und kein Bett für ihn hätte. Aber der Fremde verlangte nichts und war mit allem zufrieden. Gut, dachte die Frau, wenn der Teufel wiederkommt, habe ich jemand hier. Der Fremde aber legte sich zufrieden zwischen Ofen und Wand in der «Hölle» zum Schlafen nieder.

Der Wendenkönig auf dem weißen Rosse

Wie es nun finster geworden war, kam der Müller als Teufel verkleidet wieder, lärmte, brummte und schüttelte mit den Klauen, verstellte seine Stimme und forderte wiederum das Geld. Und wie die Frau ihm das Geld erneut verweigerte, wollte er sie anfassen. Da kam der Fremde aus der «Hölle» und frug ihn, wer er eigentlich sei und was er wollte. Da behauptete der Müller, er sei der Teufel, und ihm gehöre das Geld. Da gab sich der Fremde als der leibhaftige Teufel zu erkennen, riß dem Müller das Fell und zugleich die ganze Haut vom Leibe, rollte sie zusammen und zerriß sie in viele Stücke. Dann griff er sich den entsetzten Müller und fuhr mit ihm durch den Kamin davon. Nur ein paar Tröpfchen Blut waren zu sehen, sonst nichts. Vom Müller hörte man nichts mehr. Der Frau aber und den Kindern brachte das Geld von den Kohlen noch großes Glück.

Aufgezeichnete Erzählung des Kito Pank aus Burg durch Willibald von Schulenburg nach 1872

Der Teufel und der Schmied

In Raddusch war einmal ein Schmied, den wollte der Teufel abholen. Aber der Schmied mähte gerade und sagte zum Teufel: «Ich habe keine Zeit mitzugehen. Hilf mir lieber, die Wiese mähen!» Der Teufel willigte ein. Da machte der Schmied ihm eine Sense, nahm dazu von einem Pflug die Schar und als Stiel eine junge Erle. Als Behälter für den Wetzstein, sozusagen als Schlitterfaß, gab er ihm ein Fäßchen um den Hals und anstelle des Wetzsteins einen großen schweren Mauerstein. Dann haben die beiden gemäht. Auf der Wiese stand eine zwei Klafter dicke große Eiche. Da fragte der Teufel den Schmied: «Meister Schmied, soll der Tabak auch weg?» – «Alles, was dasteht, muß weg», sagte der Schmied. Da haute der Teufel zu, und wapsch, war die Eiche weg. Als sie fertig waren, gingen sie fort. Zu Hause wollte sich nun der Schmied anziehen, um mit dem Teufel zu gehen. Den Gesellen hatte er aber insgeheim gesagt, sie sollten eine Eisenstange warm machen. Wie nun die Stange rotglühend war, warf der Schmied seine Stiefel unters Bett und forderte vom Teufel, sie schnellstens hervorzuholen. Wie nun der Teufel die Stiefel suchte, kamen die Schmiedegesellen mit dem glühenden Eisen und stießen den Teufel damit so, daß er händeringend bat, ihn diesmal noch hinauszulassen. Eines Tages starb nun der Schmied doch. Ins Himmelreich konnte er nicht kommen, und so mußte er in die Hölle. Wie nun der Teufel hörte, der Schmied von Raddusch sei draußen, schlug er die Tür zu und wollte ihn beileibe nicht sehen. Da mußte der Schmied sein Glück im Himmelreich versuchen. Aber die wollten ihn auch nicht haben. Da bat er solange, daß sie wenigstens die Türe nur ein bißchen öffneten. Dann warf er seine Lederschürze durch und kam endlich selbst hinein.

Aufgezeichnete Erzählung aus Burg nach 1872

Die Mittagsfrau

In Bornow ist öfters zwischen zwölf und ein Uhr mittags eine weiße Frau gesehen worden. Die hatte über der Schulter eine lange Stange mit einer Sichel. Damit schnitt sie Frauen, die über Mittag auf dem Felde waren, den Kopf ab.

Gesichert war man vor ihr, wenn man eine Stunde lang erzählen konnte. Besonders hatten vor ihr die Kinder Furcht. Um die Erbsen vor ihren Näschereien zu schützen, sagten die Leute: «Geht nicht in die Erbsen, da scheucht

Die Mittagsfrau

die Mittagsfrau.» In einigen Dörfern der Umgebung wird die Mittagsfrau auch «Sichelanne» genannt. Ihr ist der Johannistag (24. 6.) heilig. An diesem Tag darf in der Mittagsstunde kein Bauer, kein Knecht und keine Magd arbeiten, sonst wächst hier im ganzen Jahr nichts.

Mündliche Erzählung aus Bornow und Trebatsch

Der Wichar am Heuschober

Ein Mann war mit einer Frau zur Arbeit auf einer Wiese, die nahe an einem Erlenbusch gelegen, und sie bauten einen Schober. Und wie sie schon über die Hälfte gelegt hatten, ließ der Mann die Arbeit liegen und ging in den Busch hinein.

Auf einmal wehte von dort ein Wichar und wollte den ganzen Schober auseinanderwirbeln und die Frau mitsamt dem Heu herunterwerfen. Die aber hielt sich an der Schoberstange fest und merkte zuletzt, daß ihr etwas an den Rock griff und sie von hinten herunterreißen wollte. Aber sehen konnte sie nichts. Plötzlich aber hörte der Wirbelwind auf, und alles war wieder still.

Wie nun alles wieder still und ruhig war, kam der Mann wieder aus dem Busch und machte den Schober fertig. Als sie anschließend zu essen anfingen, begann der Mann, in seinen Zähnen zu stochern. Da sah die Frau, wie ihm ganze Stücke von Stoff in den Zähnen hingen. Sie sagte nichts, sah bloß nach ihrem Rock, aus dem Fetzen herausgerissen waren. Da war ihr klar, daß der Mann der Wichar gewesen war. Denn in den alten Zeiten konnte sich einer verwandeln, in was er wollte.

Aufgezeichnete Erzählung des Kito Pank aus Burg durch Willibald von Schulenburg nach 1872

Der Nachtjäger

Der Nachtjäger oder die Wilde Jagd zieht durch die Luft dahin oder reitet auf den Wegen. Im Troß des Nachtjägers ist alles ohne Kopf, Hunde wie Reiter und Pferde. Wenn er daherkommt, kommen zuerst die Hunde, manchmal folgen die Reiter auf ihren Pferden. Um sie herum ist ein Klingeln und Poltern, Knistern, Blasen, Hundegebell und ein gewaltiges Schießen zu hören. Aber alles geht ohne Feuer, und ein ungeheurer Wind saust, und es rauscht furchtbar.

Ein Mann hörte einmal, als wenn da ein großer Hund mit mächtigen Ketten lief. Der Nachtjäger hatte seinen bestimmten Strich oder Weg, den er zu bestimmter Stunde passierte. Einer in Burg wußte immer genau im voraus, wann der Nachtjäger kommen würde. Auch im Dorf selbst erschien er oft und fuhr dabei immer durch den gleichen Stall mit Gerumpel und Gebell.

Wenn er daherkommt, soll man sich ruhig verhalten. Kommt er von hinten, so muß man ihm rasch aus dem Wege gehn, damit er einem nicht nachkommt. Kommt er von vorn, so soll man stehenbleiben oder mit dem Wagen anhalten und warten, damit man ihm nicht zu nahe kommt.

Da fuhr einmal die Hannuschka nach Lübbenau, und plötzlich kam der Nachtjäger mit vielen Geräuschen und Stimmen von Hunden, Peitschenknallen, Schießen und dem Brausen des Windes. Plötzlich blieb der Kahn der Hannuschka stehen, und hinter ihm war helles Licht auf dem Wasser. Sonst war nichts zu sehen, nur Hundegebell war zu hören. Dann schaukelte der Kahn hin und her, und das Hundebellen entfernte sich nach Leipe.

Mal fuhr Duschkas Vater nach Lübbenau. Unterwegs wurde er müde, zog den Kahn aus dem

Der Wichar am Heuschober

Wasser, legte sich hin und wollte schlafen. Da war plötzlich ein Brausen und Knistern im Winde, und es kam über ihn und fiel wie Regentröpfchen. Schießen und Hundegebell ertönte. Dann war wieder alles vorbei und feierliche Stille.

Aufgezeichnete Erzählung des Kito Pank aus Burg durch Willibald von Schulenburg nach 1872

Der Bettelmann

Auf einen Gutshof kam einmal ein Bettelmann. Der sang: «Vom Himmel hoch, da komm ich her.» Da fragte ihn die alte Mutter des Gutsherrn, eine Witwe: «Ist das wahr?» «Ja», sagte der Bettelmann. «Was macht denn so mein Mann?» «Ach, dem alten Herrn geht es gar schlecht. Ihm ist kalt. Er muß da die Schafe hüten und friert so.» «Wollt Ihr ihm nicht etwas mitnehmen?» fragte die Frau. «Gern», sagte der Bettelmann, «aber es muß leicht sein, denn der Weg ist doch sehr lang.» Da gab ihm die Frau Papiergeld für ihren Alten mit, damit er sich was kaufen konnte, und einen schönen Pelz.

Wie nun der junge Herr, ihr Sohn, nach Hause kommt, macht er einen großen Lärm über die Dummheit seiner Mutter, ließ sich sofort sein Pferd satteln und ritt dem Bettelmann nach. Im Walde holte er ihn endlich ein. Da stand der Bettelmann an einem Baum, und vor ihm lag ein großer Hut, nach dem er immer sah. Da fragte der junge Herr, ob er keinen Mann mit einem Pelz gesehen hätte. «Ja, der ist da vorn. Der muß schon weit weg sein.» Da wollte ihm der junge Herr seinen Schimmel geben, und er sollte dem Bettelmann nachreiten. «Ich kann nicht fort», sagte der Bettelmann. «Ich habe eine Wachtel unter dem Hut. Die lockt die anderen. Ich muß aufpassen, daß sie nicht wegfliegt.» «Das werde ich nun besorgen. Nehmt meinen Schimmel und reitet ihm nach.» Da stieg der Bettelmann auf das Pferd. Er soll noch heute wiederkommen.

Der junge Herr aber stand lange da und paßte auf den Hut auf. Doch zuletzt wurde ihm die Zeit zu lang. Er hob den Hut auf, und da war ein großer Scheißhaufen darunter.

Aufgezeichnete Erzählung des Kito Pank aus Burg durch Willibald von Schulenburg nach 1872

Der Kobold auf der Mühle

Auf einer einsamen Wassermühle wohnte einmal ganz allein ein Müller. An einem stürmischen und regnerischen Abend klopfte es bei ihm an das Fenster, und als der Müller fragte, wer da wäre, antwortete eine Stimme: «Um Gottes Willen, laßt mich ein. Ich habe mich verirrt und komme sonst um in diesem furchtbaren Wetter.» Der Müller nahm seine Lampe und öffnete die Haustür, fuhr aber erschrocken zurück, denn vor ihm stand neben einem Manne ein schwarzes Ungetüm. «Ach, erbarmt Euch», sagte der Mann, «ich bin ein Bärenführer und weiß mit meinem Tier nicht mehr wo aus und ein. Gönnt mir ein Plätzchen zum Nachtquartier!» Der Müller kratzte sich hinter den Ohren und sagte: «Ja, für Euch hätte ich wohl einen Platz auf der Ofenbank in meiner Stube, wenn Ihr damit zufrieden sein wollt. Aber wo soll ich mit Eurer wilden Bestie hin? Einen Stall habe ich nicht, und in der Stube können wir das Tier doch nicht unterbringen!»

«I», antwortete der Mann, «können wir ihn nicht in die Mühle bringen? Schaden an Korn und Mehl kann er Euch nicht tun, und übrigens lege ich ihn ja auch an die Kette!» «Das ginge

Der Kobold auf der Mühle

wohl», meinte der Müller, «aber ich muß Euch sagen: Dort ist es nicht richtig. Es spukt in der Mühle ein Kobold umher, der mir seit Jahren viel angetan. Er rumort dort die ganze Nacht herum, schüttet die Kornsäcke aus, streut Mehl umher und treibt noch sonst allerlei Unfug und Mutwillen!» «Was schadet das», rief der Bärenführer. «Meinem Bären wird der Kobold nichts anhaben. Der wird sich schon seiner Haut wehren. Nehmt uns nur auf, ich bitte Euch!»

Gesagt, getan. Der Bär wurde in die Mühle gebracht, und dem Führer bereitete der Müller ein Lager auf der Ofenbank, nachdem sie gegessen und getrunken.

Mitten in der Nacht erwachten die beiden Männer von einem furchtbaren Rumoren in der Mühle. Es ging dort kopfüber und kopfunter. Dazwischen hörte man das tiefe Brummen des Bären und hie und da ein Quieken und jämmerliches Grunzen. «Horch», sagte der Müller, «da hat der Kobold sich an den Bären gemacht.» «Das wird allein sein Schaden sein», lachte der Bürenführer. «Ja, wollte Gott», seufzte der Müller, «daß der Bär meinem Plagegeist recht ordentlich den dicken Kopf zurechtsetzt!» Noch ein heller Schrei, dann war alles still, und die Männer schliefen wieder ein.

Am Morgen fand man den Bären wohlbehalten in der Mühle. Nachdem der Müller seinen Gast noch mit Speise und Trank versehen hatte, zog der Fremde mit seinem Bären unter herzlichem Dank vondannen. Und siehe, von Stund an ließ sich kein Kobold mehr in der Mühle sehen. Der Bär mußte es ihm verleidet haben. Und wer war glücklicher als der Müller?

So ging wohl das ganze Jahr hin. Da, an einem dunklen Abend, als der Müller still in seiner Stube saß, öffnete sich leise die Tür, und zum Schrecken des Müllers steckte der Kobold seinen unförmigen Kopf in die Stube und fragte: «Müller, Müller, lebt Eure große schwarze Katze noch?» Rasch faßte sich der Müller und rief: «Ja, die lebt noch und hat sieben Junge bekommen!» Da schlug der Kobold entsetzt die Türe zu und ist seitdem nicht wiedergekommen.

Ort: Teltow (Mühle an der Telte)

Die zerbrochene Schütze

Zu der Zeit, als die um das Kloster Lehnin liegenden Dörfer Hand- und Spanndienste auf dem dortigen Amte tun mußten, fuhren einmal Fröner eine Menge Getreide nach Berlin. Und als sie in die Heide kamen, wo es wegen des tiefen Sandes nur langsam ging, blieb der Knecht vom hintersten Wagen etwas hinter den übrigen zurück. Und wie er nun so neben dem Wagen dahergeht, hört er plötzlich ein großes Getöse und eine Stimme über sich in der Luft rufen: «Meine Schütze ist entzwei, meine Schütze ist entzwei!» Und obwohl er wußte, daß es die Wilde Jagd war, die da über ihn dahin fuhr, rief er übermütig: «Na, so komm doch. Ich will sie dir machen!» Kaum hatte er das gesagt, saß einer hinten auf seinem Wagen und hielt einen zerbrochenen Brotschieber in der Hand. Da war dem Knecht doch etwas bange, und er wußte nicht, wie er den lästigen Gefährten wieder loswerden sollte. Er besann sich jedoch nicht lange und sagte: «I, da nehmen wir einen Span von der Wagenrunge. Damit wollen wir sie schon wieder zusammenkriegen.» Und er nahm auch gleich sein Messer aus dem Hosensack, schnitt einen tüchtigen Pflock von der Runge ab und trieb den durch zwei Löcher, die er mit seinem Messer durch die zerbrochenen Enden gebohrt hatte. Und so machte er die Schütze wieder brauchbar. Da antwortete jener: «Das hat dich Gott tun heißen. Aber nun sollst du auch deine

Bezahlung haben!» Sprach's und legte ihm ein kleines Brötchen hinten auf den Wagen. Dann verschwand er. Der Knecht fuhr seinen Gefährten nach, holte sie auch bald wieder ein, sagte ihnen aber nichts von dem, was ihm begegnet, und steckte das geschenkte Brot in seinen Kober.

In Berlin kehrten sie nun, wie so oft, in einem Gasthof ein. Dort verkauften sie die nicht verzehrten Lebensmittel an eine alte Frau. Und der Knecht verkaufte auch sein geschenktes Brot und kehrte nach Hause zurück. Wie er das nächste Mal wieder dahin kam, war die alte Frau schon da und bat ihn, ihr wieder ein solches Brötchen zu verkaufen. Es habe ihr doch gar zu schön geschmeckt. Da wurden die übrigen Knechte neugierig, und er erzählte ihnen den Vorfall mit der Schütze. Von der Alten erfuhr man, daß bei jedem Stückchen, daß sie vom Brot abgeschnitten, ein Goldstück herausgefallen sei.

Da hätte der Knecht gerne sein Brot zurückgehabt.

Mündliche Erzählung vor 1840 aus Lehnin

Die Kindbetterin im Gohlitzsee

Eine Hebamme aus Lehnin ging einmal von dort nach der alten Ziegelei, und wie sie so an den Gohlitzsee kommt, tritt ihr ein kleines Männchen entgegen. Das bat sie herzlich, nicht weiterzugehen, sondern mit ihm zu kommen. Die Frau folgte ihm auch. Da führte er sie dicht an den See, schlug mit einer Rute auf das Wasser, das sich sogleich weit voneinander tat. Trockenen Fußes gingen sie in den See. Wie die Hebamme nun unten ankam, fand sie eine kleine dicke Frau, die lag in den Wehen. Und der mußte sie bei ihrer Entbindung beistehen. Es währte auch nicht lange, und es kam ein kleines munteres Knäblein zum Vorschein.

Da war der Vater, das kleine Männchen, hocherfreut und sagte: «Nimm dir nur von dem Müll hinter der Tür, soviel du in deiner Schürze bergen kannst.» Die Frau fand, daß sei eine wunderliche Bezahlung. Da es ihr aber da unten doch etwas komisch vorgekommen war, nahm sie soviel von dem Müll, als die Schürze faßte, und ging nach Hause.

Nun war sie aber doch neugierig, wie der Müll der kleinen Leute aussah, nahm einen Kienspan, denn es war schon finster geworden, und steckte ihn an. Und siehe da! Der Müll war zu schieren blanken Talern geworden. Da war sie von Stund an eine reiche Frau und auch ihre Nachkommen.

Mündliche Erzählung vor 1840 aus Lehnin

Der Schlangenkönig in Lübbenau

In Lübbenau sollen die Schlangen noch eine Schlangenkrone von Diamant aufbewahren. Früher stand dort einmal ein verwünschtes heidnisches Schloß. Den alten Grafen hatte einmal ein Scharfrichter in diese Heide verwünscht. Wer nun in diesen Wald kam, erschrak so, daß er bald sterben mußte.

Dieses Schloß entdeckte einstmals ein Förster auf der Pirsch. Und wie er wieder einmal drinnen war, sah er, wie die Schlangen alle auf einem Fleck zusammenkamen. Sie hatten alle Tage ihre festen Stunden, wo sie zusammen spielten. Ringsum war Heide, nur der Fleck, wo sie immer spielten, war frei. Eine der Schlangen legte dort immer ihre Krone ab.

Den anderen Tag kam der Förster wieder,

breitete ein weißes Tuch aus auf dem Fleck, an das er eine Strippe zum Wegziehen gebunden hatte. Da kamen die Schlangen wieder zum Spielen, und die Schlange mit der Krone legte ihr Krönlein auf das blendend weiße Tuch. Wie die Schlangen nun so spielten, zog der Förster das Tuch weg und ritt mit der Krone fort. Die Schlangen aber kamen alle hinter ihm her. Da warf er schnell seinen Mantel herunter. Den fand man später ganz durchlöchert und zerschunden.

Weil der Förster nun die Krone hatte, wurde er sehr reich. Von seinem Geschlecht stammen die Grafen von Lynar ab.

Aufgezeichnete Erzählung des Kito Pank aus Burg durch Willibald von Schulenburg nach 1872

Der Plon

Der Plon oder Drache ist eine helle Kugel mit langem Schwanze und fliegt durch die Luft. Er ist rot wie helles Feuer und hat einen roten Schweif. Der fliegende Gelddrache gleicht einer großen feurigen Kugel und hat einen langen Schweif.

Wenn der Plon durch die Luft fliegt und Getreide bringt, ist sein Schwanz blau. Wenn er Geld schleppt, ist er rot. Wenn man in der Stube im Bett liegt, und der Plon fliegt vorbei, dann wird es ganz hell in den Fenstern. Bei Burg-Kauper flog einmal ein Plon, der sah hell glänzend aus und hatte einen langen Schweif. Und unter ihm lief ein weißes, glänzendes Kalb. Einmal flog einer im Busch, der war viele hundert Schritt lang und sah aus wie ein großer Fisch. Und hinten am Schwanz hatte er mehrere Spitzen und Zacken. Jan Grassow in der Kaupergemeinde hat ihn gesehen, als er mit zwei anderen zum Dreschen ging und abends auf dem Hof stand. Auf einmal war da ein solches Licht, das man dabei lesen konnte. Es war wie ein Kessel, wie eine rote Kaule oder Klumpen und schwankte hin und her. Der Schwanz, mehr als fünfzehn Fuß lang, war vorn rot und hinten blau. Am Schwanzende saßen oben und unten einzelne Spitzen und kleine Lichtblättchen. Er flog von Mitternacht gen Mittag ganz langsam durch die Luft, so etwa hundert Fuß hoch. Und dann ging er mit einem Male herunter. Da war es aus und finster. Hinter dem Schloßberg stieg einmal einer gleich nach Sonnenuntergang auf, schwang sich mit seinem glänzenden Schweif von einer Weide in die Lüfte und senkte sich bald wieder auf die Erde. Dabei sprühte er Funken, und das waren lauter Goldstücke. Bei Mechariks fuhr einer als feurige Kaule in den Schornstein. Der Wirt aber wollte nichts von einem Feuerdrachen wissen, und als ihn die Nachbarn fragten, womit er ihn fütterte, meinte er nur: «Durch meinen Fleiß.»

Wenn man den Plon sehen will, muß man ganz starr blicken und darf die Augen nicht rühren. Sonst sieht man nichts mehr. Manchmal sieht der Plon aus wie ein buntes Kalb. Er kann sich in alles verwandeln. Nur nicht in eine Taube, weil die Taube der Geist sein soll. Wer einen Plon besitzt, kann ihn an einen anderen mit gleichem Namen abgeben, so Kito Lapan an Kito Zurbel. Wenn man den Plon sieht und wirft Stahl hinein, oder man zeigt ihm den blanken Hintern, so platzt er und schüttet das Geld aus. Dann muß man aber schnell unter ein Dach springen, sonst bekommt man eins ausgewischt. Ebenso ist es beim Getreidedrachen. Das Getreide fressen aber nicht einmal die Schweine, weil es halb verbrannt ist. Ein Drache schafft Geld, Weizen und Korn her. Er geht aber auch in die Läden der Kaufleute und nimmt vom Gewinn weg, ebenso vom Getreide bei den Herr-

Der Plon

schaften. Will man einen Plon anziehen, so stellt man süße Milch oder Hirse mit Sirup auf den Boden. Bekommt er nicht gut zu essen, kratzt er seinen Besitzer sehr derb. Hirsespeise ist sein liebstes Futter, weil sie so lange warm bleibt. Man kann sich wünschen, ob man Geld oder Getreide haben will, und er verspricht, es an bestimmten Stellen niederzulegen.

Aufgezeichnete Erzählung des Kito Pank aus Burg durch Willibald von Schulenburg nach 1872

Das Irrlicht zu Ferchesar

Als einmal ein Kuhhirte aus Ferchesar mit seiner Herde abends nach Hause kam, fehlte ihm plötzlich eine Kuh. Da kehrte er wieder um, sie zu suchen, konnte sie aber nicht finden. Vor Ermüdung setzte er sich auf einen Baumstumpf und wollte sich eine Pfeife anstekken. Und wie er da so sitzt, kommt ein großes Heer von Lüchtemännchen. Die tanzen ganz wild um ihn herum, daß jedem anderen ängstlich geworden wäre. Der Hirt aber war dreist, blieb ruhig sitzen. Als er Feuerstahl und Stein und seine Schwammbüchse zum Anzünden hervorzog, flogen ihm die Lüchtemännchen so um den Kopf, daß er dachte, sie würden ihm die Haare versengen. Er nahm daher einen Stock und schlug gewaltig um sich. Aber je mehr er um sich schlug, je mehr Lüchtemännchen kamen. Da griff er endlich zu und haschte eines davon. Als er es betrachten wollte, lag in seiner Hand ein Knochen. Die Irrlichter aber waren davongezogen. Er steckte den Knochen in die Tasche, brannte seine Pfeife an und ging nach Hause. Am anderen Morgen trieb er seine Herde wieder hinaus und fand auch seine Kuh wieder. Abends nach Hause gekommen, sah er viele Lichter vor seinem Fenster. Da war die ganze Dorfstraße voll von Lüchtemännchen. Die kamen in gewaltigen Haufen und forderten ihren Kameraden. Sonst würden sie ihm das Dach über dem Kopf anbrennen. Da fiel dem Hirten der Knochen wieder ein. Er nahm ihn und hielt ihn zum Fenster hinaus. Da war es sogleich wieder ein hellflackerndes Lüchtemännchen und hüpfte davon. Und die anderen folgten ihm alle.

Aufgezeichnete Erzählung aus Ferchesar nach 1860

Der weissagende Schwan

To Kemnitz is vör noch gor nich lange Tid en Nachtwächter west, de hadde't immer vörher weten künnen, wenn eener int Dörp sterven sülle, denn wenn he dunn hett de zwelfte Stunne afroopen wullen, is en groter witter Schwan uten Pleessowschen rutekamen un is nah'n Kerkhof ruppegan, un denn is jedetmal ener int Dörp storven, so datt he gar nich mehr hett de zwelfte Stunne afroopen mägen. Datt hett he den tolest ok nich mehr dan, denn eene Nacht will he ok grad wedder afroopen, da kümmt de witte Schwan uten See rutewatschelt un geit uppen Kerkhof un van da grad uppen Eddelhof to. Da is em denn angst un bange woren un is na Huus lopen, hett de Lüd monter makt un hett seggt: «Kinger, Kinger, et gift wedder ne Lik int Dörp un dat keene kleene; de Schwan is uten See kamen un is grad uppen Eddelhof togan!» Un dett hett ok keene ocht Dage durt, da is de Eddelmann dod west.

Vor gar nicht langer Zeit ist in Kemnitz ein Nachtwächter gewesen, der hat immer vorher wissen können, wenn einer im Dorf sterben sollte. Denn wenn er dann hat die zwölfte Stunde ausrufen wollen, ist ein großer weißer

Schwan aus dem Plessow-See herausgekommen und ist nach dem Kirchhof raufgegangen. Und dann ist jedesmal bald einer im Dorf gestorben, so der Nachtwächter gar nicht mehr hat die zwölfte Stunde ausrufen mögen. Das hat er dann zuletzt auch nicht mehr getan. Eines Nachts will er auch gerade wieder die Stunde ausrufen, da kommt der weiße Schwan aus dem See herausgewatschelt und geht auf den Kirchhof und von dort gerade auf den Edelhof zu. Da ist dem Nachtwächter angst und bange worden. Er ist nach Hause gelaufen, hat die Leute munter gemacht und hat gesagt: «Kinder, Kinder, es gibt wieder eine Leiche im Dorf und keine kleine. Der Schwan ist vom See gekommen und ist gerade auf den Edelhof gegangen.» Und das hat auch keine acht Tage gedauert, da ist der Edelmann tot gewesen.

Mündliche Erzählung aus Kemnitz vor 1840

Die Butterhexe

In Wagenitz ist eine Frau gewesen, die war eine Butterhexe. Sie hatte immer die beste Butter und verkaufte sie nach allen Seiten. Einmal hatte ihre Schwester in Friesack einen Topf Butter von ihr erhalten, und der wurde nie leer. Es war immer Butter drin. Da sagte sie es ihrer Schwester in Wagenitz, daß die Butter kein Ende nähme. Da meinte diese nur: «Dann hast du meinen Topf erhalten.» Die Schwester sah nach und siehe, auf dem Grunde des Topfes saß eine Muggel oder Kröte, wie die Leute hier sagen. Da wußte sie, wie es zusammenhing.

Aber auch die Leute in Wagenitz hatten schon längst bemerkt, daß es mit der Butter nicht ordentlich zugeht, und paßten auf. Und richtig, wie es einmal Abend war, da leuchtete es im Keller der Frau in blauen, gelben und roten Flammen auf. Nicht lange, kam eine große Katze aus dem Keller, die war so mager, nur Haut und Knochen. Die ging hinüber ins Schloß und kam bald aus dem dortigen Milchkeller dick und fett wieder heraus. Im Keller aber spie sie den Rahm in die Butter. Da wußten alle, wo die Frau den Rahm holte, aus dem sie die schöne Butter machte, und daß sie eine Hexe war. Es hat aber mit ihr kein gutes Ende genommen. Eines Tages lag sie tot in ihrem Keller. Die Verwandten sprachen zwar, sie sei die Treppe heruntergestürzt, aber niemand glaubte es. Der Teufel hatte ihr offenbar den Hals umgedreht.

Mündliche Erzählung aus Wagenitz

Der Schmied zu Jüterbog

In Jüterbog lebte einmal ein Schmied, der war ein frommer Mann und trug einen schwarz und weißen Rock. Zu ihm kam eines Abends ganz spät einmal ein Mann, der heilig aussah. Der bat ihn um eine Herberge. Der Schmied, freundlich und hilfreich zu jedermann, nahm den Fremden auf und bewirtete ihn nach Kräften. Am anderen Morgen, als der Gast von dannen ziehen wollte, dankte er seinem Wirte und gewährte ihm drei Wünsche. Da bat der Schmied erstlich, daß sein Stuhl hinter dem Ofen, auf dem er des Abends nach der Arbeit auszuruhen pflegte, die Kraft bekäme, jeden ungebetenen Gast so lange festzuhalten, bis er ihn selbst zum Loslassen auffordern würde. Zweitens, daß sein Apfelbaum im Garten die Hinaufgekletterten nicht ohne seinen Willen wieder herablasse, und drittens, daß aus seinem Kohlensack keiner herauskäme, den er nicht selbst befreite. Der fremde Gast gewährte diese drei Wünsche und ging von dannen.

Nicht lange danach kam der Tod und wollte den Schmied holen. Der aber bat ihn höflich, sich vorerst auf seinem Stuhl von der weiten Reise zu erholen. Da setzte sich denn der Tod nieder und konnte sich nicht mehr erheben. Er mußte um Befreiung bitten. Die erhielt er aber nur, weil er dem Schmied zehn Jahre weiteres Leben schenkte. Wie nun die zehn Jahre herum waren, kam der Tod wieder. Da bat der Schmied den Tod, für die weite Reise doch auf den Apfelbaum zu steigen und einige Äpfel zu pflücken. Das tat der Tod auch und saß wieder fest. Jetzt rief der Schmied seine Gesellen herbei. Die mußten mit schweren Eisenstangen gewaltig auf den Tod einschlagen, daß er Ach und Weh schrie und ihn bat, er möge ihn freilassen. Er würde nicht wiederkommen. Wie nun der Schmied hörte, daß der Tod ihn ewig leben lassen wolle, gebot er den Gesellen Einhalt und befreite den Tod von jenem Apfelbaum. Der zog glieder- und lendenlahm davon und konnte nur mit Mühe vorwärts.

Da begegnete ihm unterwegs der Teufel, dem er sein Leid klagte. Der aber lachte den Tod nur aus und schalt ihn einen Dummkopf. Er, der Teufel, wolle schon mit dem Schmied fertig werden. Er machte sich auf den Weg, ging zum Schmied und bat um ein Nachtlager. Nun war es aber schon spät in der Nacht, und der Schmied verweigerte es ihm. Wenigstens sagte er ihm, daß er die Haustür nicht mehr öffnen könne. Wenn er jedoch zum Schlüsselloch hineinfahren könne, so möge er kommen. Das war nun dem Teufel ein Leichtes, und sogleich huschte er hindurch. Der Schmied aber war klüger, hielt innen seinen Kohlensack vor, und wie nun der Teufel darin saß, band er ihn schnell zu, warf den Sack auf den Amboß und ließ nun seine Gesellen wakker darauflos schmieden. Da flehte der Teufel jämmerlich, sie möchten doch aufhören. Aber sie ließen nicht eher nach, als bis ihnen die Arme von den Hämmern müde waren und der Schmied ihnen befahl aufzuhören.

So war des Teufels Vorwitz und Keckheit gestraft, und der Schmied ließ ihn frei, indem er aus demselben Loche wieder hinaus mußte. Er wird wohl kein Verlangen mehr nach einem zweiten Besuch beim Schmied getragen haben.

Mündliche Erzählung vor 1840 aus Jüterbog

Der Kobold von Ferch

In Ferch ist vor vielen Jahren ein Bauer gewesen. Der hat Cuno geheißen und hat mit seiner Frau zufrieden gelebt. Nur daß sie keine Kinder kriegten. Da ist er mal eines Tages nach Hause gekommen, und wie er so beim Mittelweg ist, spielt doch da so ein kleiner Junge, der eine rote Jacke anhat, mitten auf dem Weg im Sande. Den nimmt der Bauer mit. Als sie nun nach Hause kommen, sagt Cuno zu dem Jungen: «Möchtest wohl auch eine Stulle?» «Nee», sagt der Kleine und lacht ihn dabei aus, «ich kann aus Steinen Brot backen.» Da ist dem Bauern angst und bange geworden, und er hat dem Jungen gesagt, er könne wieder gehen. Der ist aber geblieben, hat sich nicht an den Bauern seine Rede gekehrt und hat allerhand Schabernack gemacht.

Auf das erste hat er das Gesinde nicht zufrieden gelassen. Jenen, die zuletzt zu Bette gehn, hat er allemal einen Schlag vor den Hintern gegeben, so daß sie zuletzt immer alle zusammen in die Betten gegangen sind. Oft war der rotjakkige Junge gar nicht zu sehen, und der Letzte kriegte doch seinen Hieb über den Hintern. Zu anderer Zeit hat er am Schornstein gesessen und hat, wenn sie gewaschen haben, mit Knütteln und Kloben in den Wäschekessel geworfen,

Der Kobold von Ferch

daß es man nur so spritzte. Aber am dollsten war er, wenn er seine Milch nicht zur rechten Zeit bekam, oder wenn es zu wenig war. Dann hat er einen gräßlichen Spektakel gemacht, im ganzen Haus herumrumort und mit Knüppeln und Steinen geschmissen, daß es man nur so gekracht hat.

Einmal ist bei den Nachbarsleuten Kindelbier gewesen. Die kamen und wollten von Cuno Teller und Schüssel borgen. Der gab sie ihnen auch und stellte sie alle zu Hauf auf den Herd. Da geht es auf einmal Krach, Krach, und ein Stück nach dem anderen flog rauf untern Schornstein. Es blieb kein einziger Teller und keine Schüssel ganz.

Einmal kam ein anderer Bauer aus einem anderen Dorf geritten. Als er nun wieder fortreiten wollte, da sagte er: «Na Vater Cuno, wo hast du denn deinen rotjackigen Jungen?» «Ja», sagte der, «ich weiß es nicht.» Dann guckt er um sich, und da sitzt der Junge im Kreuz über der Hoftür. Wie nun der andere Bauer auf sein Pferd steigt, merkt er, daß es nicht fort will und daß es man so keucht. Da gibt er ihm die Sporen und reitet doch ab. Aber das Pferd zittert und bebt, bis es an den Kreuzweg kam. Da hört er richtig, daß wenn so was Schweres fällt. Und nun geht sein Pferd frisch vorwärts und nach Hause.

Von dieser Zeit an hat sich der Kobold auf Cunos Hof nicht mehr hören und sehen lassen. Andere sagen auch, daß jener Bauer mit seinem Pferd durch ein recht großes Modderloch geritten ist und daß er da den Fall gehört hat. Und noch andere erzählen, daß er sich den Kobold an einer alten Weide abgestreift hat.

Wo er denn aber geblieben ist, das weiß keiner. Doch sagen welche, daß er noch oft auf dem Kreuzweg als Hund mit feurigen Augen herumläuft.

Mündliche Erzählung vor 1840 aus Ferch

Der betrogene Tetzel

Als der Ablaßkrämer Tetzel in der Mark sein Wesen trieb, hielt er sich auch lange Zeit in Jüterbog auf.

Hier kam einst ein Ritter von Hake, der in Stülpe am Fuße des Golm wohnte, zu ihm und verlangte Ablaß für eine schwere Sünde, die er erst noch begehen wolle. Dafür bot er eine große Summe Geldes. Und Hake erhielt, was er begehrte.

Wenige Tage später verließ Tetzel mit seinen Ablaßschätzen und dem reichlich eingenommenen Geld die Stadt Jüterbog, um sich nach Berlin zu wenden. Als er aber in die Berge beim Dorfe Holbeck kam und die Pferde im tiefen Sande den Wagen mit der großen Geldtruhe kaum von der Stelle brachten, wurde er von geharnischten Männern überfallen. Die nahmen ihm ungeachtet der gräßlichsten Flüche seinen mit Eisen beschlagenen und gut gefüllten Kasten ab. Ihr Anführer war jener von Hake, dem er seine Sünden bereits im voraus vergeben hatte. Tetzels Knechte, die sich zur Wehr gesetzt hatten, wurden in die Flucht geschlagen, und viele fanden dabei den Tod. Deshalb heißt der Hügel «Mordberge». Der große Kasten aber kam später leer nach Jüterbog, wo er noch heute hinter dem Altar von Sankt Nikolai zu sehen ist.

Mündliche Erzählung vor 1840 aus Jüterbog

Der Feuergeist von Dahme

In Dahme lebte einmal eine Frau, die ging mit dem Feuer nicht gut um. Hatte sie sich geärgert, stieß sie mit dem Feuerhaken in die Glut, daß die Funken nur so aufstoben. Auch kam es ihr nie in den Sinn, am Abend die Glut sorgfältig

Der Feuergeist von Dahme

zusammenzuschieben und Asche darauf zu legen. Das alles machte dem im Ofen wohnenden Feuergeist viel Sorgen.

An einem Tage nun war Hochzeit reicher Leute Kinder in der Stadt. Die Frau hatte eine Pfanne mit Speck auf dem Herd. Wie sie die Kirchenglocken hörte, eilte sie zur Kirche und vergaß Pfanne, Speck und Feuer. Nun ist das eine alte Geschichte. Wenn etwas auf dem Feuer steht und man geht nur einen Augenblick fort, so brennt es an oder läuft über. So war der Feuergeist in die Speckpfanne geklettert und fraß sich satt und dick. Er wurde so groß, daß er bald bis an die Decke reichte und genüßlich die Balken zu fressen begann. Und dann stand das ganze Haus in Flammen, schlug auf die anderen Häuser über und fraß sich so durch die ganze Stadt. Und kaum war eine Stunde vergangen, war die Stadt vernichtet.

Das war der große Brand von Dahme, als man Anno 1666 schrieb.

Ort: Dahme

Der Spuk auf dem Schloß

Im alten Schloß zu Kemnitz ist es nie richtig gewesen. Nächtlich haben die Leute oft einen großen Lärm und viel Spektakel gehört. Was es gewesen ist, konnte Martin Runge als Knecht vom Schloß am besten erzählen.

Runge hatte einmal eines Abends in der Gesindestube die Zeit verschlafen. Die anderen hatten ihm einen Schabernack gespielt und ihm, ehe sie ins Bett gingen, die Stubentür von außen zugeschlossen. Als er nun munter wurde, hat er dableiben müssen und sich auf die Ofenbank gelegt. Kaum war er eingeschlafen, hört er einen mächtigen Lärm und etwas die Treppe raufstolpern. Auf einmal springt die Türe auf, die so fest verschlossen war, und es kommt etwas herein und kriecht so an allen Wänden herum, reckt sich in die Höhe und guckt auf alle Wandbretter und in alle Spinde. Erst auf dem Käsebrett, wo die Edelfrau ihren Käse trocknet, dann auf der Anrichte in der Küche, dann in der Vorratskammer. Und alle Spinde werden aufgemacht, die die Frau immer zugeschlossen hatte, und in alle Töpfe wird geguckt. Zuletzt ist es auch an den Ofen gekommen, hat sich in die Höhe gereckt und in die Röhre gekiekt. Und weil Martin Runge da auf der Bank lag, da hat er sehen können, daß es wie ein großer Hund aussah und ganz rauhe zottige Beine hatte. Dann ist es abgegangen und hat die Tür wieder fest zugeschmissen.

Martin Runge hätte nun gern rausgewollt, aber die Tür ist so fest zugewesen wie zuvor, und er hat die ganze Nacht dableiben müssen.

Mündliche Erzählung vor 1840 aus Kemnitz

Selberjedan und der Wassernix

Es war einmal ein Schiffer bei Deetz an der Havel. Der hatte sich vor den Wind mit seinem Kahn gelegt und wollte sich ein Gericht Fische fangen. Wie er nun genug geangelt hatte, machte er sich ein Feuer an, um die Fische zu braten. Und wie er nun die Fische in der Pfanne über dem Feuer hat, es war gerade die abendliche Schummerzeit, da tauchte plötzlich ein Wassernix aus der Havel auf. Das war ein ganz kleines Kerlchen, so groß wie ein Hahn. Der hatte eine rote Kappe auf, stellte sich so neben ihn hin und frug, wie er denn eigentlich heiße. «Wie ich heiße?» sagte der Fischer, «ich heiße Selberjedan.» «Na», sagte da der Wassernix und konnte

Selberjedan und der Wassernix

kaum reden, weil er den ganzen Mund voller Padden hatte, «Selberjedan, ik bedribbe di.» «I», sagte der Fischer, «das sollst du nur tun. Dann nehme ich einen Stock und schlage dich krumm und lahm.» Aber der Wassernix kehrte sich nicht dran und sagte noch einmal: «Ik bedribbe di», und ehe sich der Fischer versehen hat, spie er ihm alle Padden in die Pfanne.

Da wurde der Fischer ärgerlich, nahm seinen Stock und schlug gewaltig auf den Wassernix los, daß dieser ganz jämmerlich zu schreien anfing und alle Nixe ihre Köpfe aus dem Wasser streckten und frugen, wer ihm denn etwas getan, daß er so schreit. «Selberjedan haut mich», schrie der Nix. Da lachten die anderen Wassernixe und sagten: «Hast du dir selber was getan, dann ist dir nicht zu helfen», und tauchten wieder unter. Da sprang auch der geprügelte Wassernix wieder in die Havel. Er hat nie mehr einen Schiffer «bedribbt».

Aufgezeichnete Erzählung aus Deetz

Die stummen Frösche von Schwante

Das Dorf Schwante, zwischen Kremmen und Oranienburg gelegen, war früher im Besitz derer von Redern. Rundum und in ziemlicher Entfernung aber läßt sich keiner der vielen Frösche hören. Vor vielen Jahren wurde einer der Herren von Redern im Frühling von einer schlimmen Krankheit befallen. Er empfand dabei viel Unruhe, die durch das Froschgequake noch vermehrt wurde. Tag und Nacht fand er keinen Schlaf mehr. Es half auch keine Arzenei, und man zweifelte an seiner Genesung.

Da kam eines Tages ein armer Mann in das Haus. Der bat um ein Almosen. Und wie er so in der Türe stand, sah er den Jammer und fragte nach der Ursache. Wie er nun alles erfahren, versprach er zu helfen und die Frösche zum Schweigen zu bringen. Die Gräfin versprach ihm einen Sack Roggen, wenn er sein Versprechen erfüllte. Der Mann ging hierauf fort, umging den adligen Hof im weiten Umkreise, soweit wie er meinte, daß das Gequake der Frösche zu hören sei, gebrauchte seine Wissenschaft und brachte zu Wege, daß die Frösche verstummten.

Mit den Fröschen ist es hernach bis heute so geblieben. Es würde einhundert Jahre währen, hatte der Mann damals gesagt. Und die sind noch nicht um.

Mündliche Erzählung vor 1840 aus Schwante

Die Hexenfahrt zu Walpurgis

Zu Wolbernabend oder auf Walpurgis, in der Nacht zum 1. Mai, ziehen die Hexen nach dem Blocksberg.

Da besuchte einmal ein Schäfer am Abend vor Walpurgis seine Braut. Und wie er so gegen zwölf Uhr Mitternacht auf der Ofenbank mit geschlossenen Augen wach liegt, sieht er, daß seine Braut und die Schwiegermutter sich zur Reise nach dem Blocksberg rüsten. Er stellte sich weiter schlafend und sah, wie beide sich die Gelenke mit einem Öl einrieben und mit dem Spruch

«Up un davon.
Un nenewegent an»

zum Schornstein hinausfuhren.

Da wollte er ihnen nachfahren, um zu sehen, was sie da so treiben, rieb sich ebenfalls mit dem Öl ein und sprach «Up un davon. Un allewegent an.» Er hatte den Spruch aber falsch gehört und eckte nun bei seiner Fahrt durch den Schornstein und danach überall an. Ganz zer-

Die Hexenfahrt zu Walpurgis

schlagen kam er in der Hexenversammlung an. Anfangs war man über ihn erschrocken, doch bald hatte man sich drein gefunden. Man gab ihm eine Klarinette, die er zu blasen verstand, und da mußte er Musik machen. Die Hexen tanzten nach Herzenslust bis kurz vor ein Uhr. Dann kehrte jede Hexe schleunigst heim, um Schlag eins wieder an Ort und Stelle zu sein.

Auch der Schäfer kam glücklich wieder nach Hause. Als er aber seine Klarinette näher betrachtete, war es ein toter Kater, auf dessen Schwanzspitze er geblasen. Was nun aus ihm und seiner Braut geworden, ist leider nicht bekannt.

Aufgezeichnete Erzählung vor 1850 aus dem Havelland

Der Kobold zu Milow

Ein Halbbauer zu Milow, etwa eine Meile von Rathenow gelegen, hatte einen Kobold. Das war ein dreibeiniger Hase. Der war so vertraut mit allen Hausgenossen, daß er mit ihnen an einem Tische saß und dort die Speisen aß, die er sich ausgemacht hatte.

Allein, eines Tages behandelte ihn der Bauer schlecht. Da wurde er so zornig, daß er das Haus ansteckte, worauf fast der halbe Ort abbrannte. Und das ist erst vor wenigen Jahren geschehen.

Mündliche Erzählung vor 1840 aus Milow

Der Birnbaum auf dem Kirchhof zu Ribbeck

Auf dem Kirchhof zu Ribbeck steht auf der südwestlichen Seite der Kirche ein gewaltiger wilder Birnbaum, ein Knödelbaum.

Der alte Herr von Ribbeck, der da begraben liegt, war ein großer Kinderfreund. Er hatte immer etwas für die Kinder in der Tasche. Besonders aber liebte er Birnen, womit er in der Reifezeit jeden Jungen und jedes Mädchen, das bei ihm vorbeikam, beschenkte. Als er starb, dauerte es nicht lange, und es wuchs das Reis eines Birnbaums aus seinem Grabe hervor. Das wurde bald ein stattlicher Baum, der jedes Jahr reichlich Früchte trug. Und jedes Kind, das vorüberkam, konnte sich in der Reifezeit davon bedienen.

Aufgezeichnete Erzählung vor 1850 aus Ribbeck

Die Totenfahrt

Zu Göttin ist einmal ein Fischer gewesen. Der hat sein gutes Brot gehabt, weil Tag und Nacht auf den Beinen. Der hat einmal noch spät auf den Abend seine Netze an der Havel getrocknet. Und als er eben damit fertig ist, hört er, wie einer von der anderen Seite, da, wo der Räuberberg liegt, ruft: «Hol über.» Da es aber schon so spät war, verwunderte das den Fischer und er fragte: «Wer ist denn da?» Aber der auf dem Räuberberg sagte weiter nichts als «Hol man über». Da hat er seinen Kahn losgemacht und ist hinübergefahren. Und wie er auf der anderen Seite angekommen ist, stand da so ein großer schwarzer Kerl und wiederholte: «Fahr mich über!» Der Fischer nahm sein Ruder und fährt ihn hinüber. Er hatte knapp vom Lande abgestoßen, da sank das Kahnende, wo der Schwarze saß, ganz tief in das Wasser, und der Fischer kam ganz hoch zu sitzen. Da dachte er so in seinem Sinn: Wenn du doch erst wieder zu Hause wärst! Er rudert mit aller Kraft und bringt auch den Kahn zuletzt glücklich ans andere Ufer. Wie sie nun anlegen, sprang der

Die Totenfahrt

Schwarze heraus. «Das Fährgeld liegt am Ende». Und als der Fischer hingeht und guckt, liegt da ein großer Haufen Gold. Der Schwarze stand noch am Wasser und sagte zum Fischer: «Nun möchtest du auch wissen, wen du herübergefahren hast?» – «Ja.» – «Nu, du hast den Tod gefahren, und weil du das ohne Widerstreben getan hast, sollst du am Leben bleiben. Aber das ganze übrige Dorf muß sterben.» Danach ist er fortgegangen. Das ganze Dorf ist auch wirklich ausgestorben – bis auf den Fischer und seine Familie. Der aber war ein reicher Mann geworden.

Mündliche Erzählung vor 1840 aus Göttin

Das Wechselbalg und die Untererdschken

In einem Hause hatten die Untererdschken das Kind vertauscht. Die Frau hatte es aber noch nicht gemerkt. Wie sie nun das Herdfeuer mit Stahl und Schwamm anmachte, sagte plötzlich das Wechselbalg: «Ich bin so alt als böhmisches Gold. Aber so ein Lichtanmachen habe ich noch nicht gesehen.»

Da wußte die Frau, wie es stand, nahm die Rute und hat das Balg so lange gottsjämmerlich geschlagen, bis die Untererdschken es sich wiederholten und ihr dafür das eigene Kind wiederbrachten.

Ein anderes Mal merkte es die Frau, als sie das Essen kochte und hineintrug. Kaum hatte sie die erste Schüssel hingesetzt und war hinausgegangen, um die zweite zu holen, da war die erste Schüssel schon leer. Nun dachte sie: Das willst du wohl kriegen und tat als Speck an den Brei ein paar alte Schuhsohlen. Wie sie den Brei nun aufgetragen hatte, stellte sie sich flugs hinter die Tür. Als das Balg aber anstelle des Specks die Schuhsohlen fand, war es ganz verwundert und rief aus, daß es noch nie Schuhsohlen gegessen hätte. Das hörte die Frau, sprang hinter der Tür hervor und schrie: «Du verwünschter unterirdischer Racker! Ich habe gedacht, ich habe mein Kind in der Wiege. Und nun habe ich da so'n Wechselbalg, das mir alles Essen auffrißt. Dich schlage ich tot.» Da konnte das Untererdschke auf einmal laufen und lief, so schnell es die Beine trugen. Wie die Frau aber in die Kammer kam, da schrie auch schon ihr Knabe in der Wiege. Die Untererdschken hatten es geschwind wiedergebracht.

Aufgezeichnete Erzählung vor 1850 aus dem Havelland

Der Röwerbarch bei Feeben

Auf der Hälfte des Weges zwischen Feeben und Paretz liegt am linken Havelufer eine Landzunge, der Röwerbarch oder Räuberberg. Auf dieser von Wiesen umgebenen Anhöhe stand das Stammschloß derer von Rochow. Von hier aus sollen sie die Schiffe auf der Havel geplündert haben. Dazu blockierten sie nachts den Strom mit einer Kette, die dicht unter der Wasseroberfläche lag. Daran war ein Draht befestigt, der zu einer in der Burg hängenden Glocke führte. Wenn nun ein Schiffer an die Kette stieß, läutete es in der Burg und signalisierte, daß Beute da sei. Die Bande stürzte dann heraus und raubte den Kahn aus. So wurden dort große Schätze aufgehäuft, die jetzt noch dort vergraben liegen sollen. Oft genug sieht man kleine blaue Flämmchen brennen, die den Schatz verraten. Viele Leute haben seine Hebung versucht, aber immer konnten sie nicht ohne zu sprechen oder zu lachen auskommen.

Mündliche Erzählung vor 1840 aus Feeben

Das Wechselbalg und die Untererdschken

Kohlhaas und die unschuldig Gehenkten

In der Nähe des Klosters Zinna stand in alten Zeiten ein Galgen. Hier sind zwei Schmiedegesellen zum Tode verurteilt und gehenkt worden, weil sie angebliche Kampfgefährten des Kohlhaas gewesen wären.

Kohlhaas, der davon erfuhr und von ihrer Unschuld wußte, eilte in einer Nacht nach Zinna, schnitt die beiden Gehenkten vom Galgen, legte sie in eine große Kiste und sandte sie als Kaufmannsgut an den sächsischen Kurfürsten nach Wittenberg. In einem kräftigen Begleitschreiben sprach er ihm seine Meinung und Entrüstung aus.

Am Galgen aber brachte er eine Tafel mit folgenden Worten an: «O Menschenkinder, richtet recht, wenn ihr richten wollt, damit ihr nicht auch gerichtet werdet.»

Ort: Zinna

Der Teufel als Spielmann

Bei Prädikow im Blumenthal war es, da hatte das Geschlecht derer von Barfuß ein prächtiges Schloß. Drei Brüder lebten und schwelgten darin. Einmal hatten sie wieder ein großes Gelage, und als der Völlerei und Prasserei genug getan, ließen sie zum Tanz aufspielen und drehten sich mit ihren Gästen in wildem Reigen. Als am Ende die alten Spielleute müde wurden und den Fiedelbogen und das Horn sinken ließen, hat Nikolaus von Barfuß, welcher der schlimmste war unter den Brüdern, sie hart angefahren und angeschrien: «Weiter, weiter, immer toller!» Und als die Fiedler um Erbarmen baten, hat er ihnen den Bogen aus der Hand gerissen und gebrüllt: «Wollt ihr nicht mehr, so mag für euch der Satan die Fiedel streichen.» Da ist der Boden im Tanzsaal aufgesprungen und der Teufel mit seinen Gesellen gekommen. Hat sich auf den Ofen gesetzt, die Fiedel gekratzt und immerfort gerufen: «Tanzt doch, tanzt!» Aber sie wollten nicht mehr. «Dann geh ich wieder, wo ich hergekommen bin», hat der Teufel gesagt, «in deine Seele, Nikolaus von Barfuß.» Da beschlich alle ein gewaltiger Schrecken, und die ganze Gesellschaft floh auseinander. Alle mieden das «rote Haus» in Prädikow.

Bald darauf wurde Richard, der zweite Bruder, von Nikolaus im Zweikampf erstochen. Nikolaus floh aus dem Haus seiner Väter und ward nimmer gesehen. Der Teufel nahm nun Besitz von allem, bis der letzte Stein des «roten Hauses» in Trümmer ging.

Ort: Prädikow

Der Schusterjunge und das Bernauer Bier

Da hatte einmal ein Berliner Schuhmacher einen flotten Lehrjungen aus Bernau. Die Meisterin jedoch führte ein strenges Regiment, so daß ihm nicht gerade goldene Tage blühten. Eines Tages kamen Gevattersleute zu Besuch. Da gab ihm die Meisterin eine Zinnkanne in die Hand und schickte ihn, Bernauer Bier zu holen. Der Junge in seiner Einfalt nahm die Kanne und wanderte zum Georgentore hinaus, um aus seiner Vaterstadt das Bier zu holen. Spät abends kam er zum Erstaunen seiner Eltern dort an. Sie schalten ihn ob seiner Dummheit, fütterten ihn gehörig und legten ihn schlafen. Den anderen Morgen gaben sie ihm eine Kanne Bernauer Bier in die Hand, füllten seinen Kober mit Lebensmitteln für die Frau Meisterin und schick-

Der Teufel als Spielmann

ten ihn nach Berlin zurück. Der Junge wanderte auch zunächst rüstig fort. Je näher er aber der Stadt Berlin kam, desto unheimlicher wurde ihm, der Frau Meisterin unter die Augen zu treten. Er faßte einen raschen Entschluß, vergrub die Kanne mit dem Bier unter einem Steinhaufen und ging in die weite Welt. Es war damals eine wilde Zeit, wo man nach einem verschwundenen Knaben nicht lange Ausschau hielt. Er war eben verschwunden. Gelegentlich sprach man noch davon. Dann hörte auch dies auf.

Es waren viele Jahre vergangen. Da hielt eines Tages ein flotter Reiter vor dem Hause des Schuhmachers. Das war unser Knabe, der, inzwischen stattlich herangewachsen, damals Kriegsdienste genommen und es durch Mut und Tapferkeit bis zum Rittmeister gebracht hatte. Jetzt wollte er seinen alten Lehrmeister und dessen Frau aufsuchen. Die Schustersleute wollten es kaum glauben, daß er der Knabe war, der ihnen damals mit der Kanne und dem Bier durchgegangen. Da bestand er darauf, daß sie alle mit hinauskommen zu dem Steinhaufen am Wege nach Bernau, und fand da wirklich die unversehrte Kanne. Und das Bier hatte sich nicht nur gut gehalten, sondern war noch duftender und schmackhafter geworden.

Mündliche Erzählung vor 1850 aus Bernau

Von Kobolden in Strausberg

Es gibt noch jetzt so manchen in Strausberg, der einen Kobold hat und durch ihn reich geworden ist. Früher, vor vielen Jahren, war die Zahl solcher Leute noch viel größer gewesen.

Da war einmal ein Weber, der, wenn er vollauf zu tun hatte, die Arbeit des Abends unvollendet verließ, sie gleichwohl frühmorgens fertig vorfand. Kein Mensch im Haus wußte, wie das kam. Bis endlich einmal das Dienstmädchen durch eine Ritze der Stubentür schaute. Da sah sie zwei Ziegenböcke am Webstuhl sitzen, die waren in der besten Arbeit begriffen. Und am anderen Morgen war dann auch alles wie gewöhnlich vollendet und aufs feinste ausgeführt.

Einem anderen Mädchen war von ihrer Herrin verboten worden, auf den Boden zu gehen, wohin diese sich gewöhnlich selbst zu begeben pflegte. Und wie das wieder einmal eines Tages passierte, konnte es seine Neugierde nicht länger zügeln. Sie versteckte sich auf dem Boden und sah nun dort, wie die Herrin mit einem Teller voller Milch in die Bodenkammer trat. Gleich kam ihr ein kleines rotes Männchen entgegen, machte sich über die Milch her und trank sie bis auf den letzten Tropfen aus. Da sah dann das Mädchen ein, warum die Frau ihr verboten hatte, auf den Boden zu gehen, denn das rote Männchen war ein Kobold.

Da war einmal ein Mann in Strausberg, der hieß Prinzlow. Und weil es viele dieses Namens gab und er einen Kobold hatte, nannte man ihn zum Unterschiede den Koboldprinzlow. Er war so reich, daß er von sich sagte, er könne den Weg von seinem Hause bis zur Kirche mit lauter harten Silbertalern pflastern. Und das war immerhin ein tüchtiges Stück des Weges. All diesen Reichtum aber hatte ihm ein Kobold gebracht, den die Leute oft genug in seinen Schornstein hineinfliegen sahen. Und zwar war er rot, wenn er Geld brachte, und blau, wenn es Korn war. Wie er nun eines Tages genug Geld hatte, ward Prinzlow des Kobolds überdrüssig, setzte ihn in eine Kiepe, trug ihn über einen Kreuzweg fort, wo er ihn ausschüttete, und ging dann ruhig seines Weges. Tags darauf kam ein Strausberger Schuhmacher diesen Weg entlang. Der hatte wenig Arbeit und kein Geld. Und wie

Von Kobolden in Strausberg

er an den Kreuzweg kommt, sieht er einen Vogel sitzen, etwa so groß wie eine Elster, aber mit roten und schwarzen Federn, und der ruft immer: «Ich bin herrenlos, ich bin herrenlos!» Da fragte ihn der Schuhmacher: «Wer bist du denn, daß du herrenlos bist?» Aber der Vogel schrie immer nur: «Ich bin herrenlos, ich bin herrenlos!» Da dachte sich der Schuhmacher, er könne ihn wohl mit sich nehmen, fing ihn ein und trug ihn nach Hause. Das hat dann auch nur eine kurze Zeit gedauert, da ist der Schuhmacher ein reicher Mann geworden und hatte bald darauf vier Gesellen sitzen, die immer vollauf zu tun hatten.

Mündliche Erzählung vor 1840 aus Strausberg

Der Wettbewerb mit dem Teufel

Einstmals lebte in den Rauener Bergen und im Spreetal ein Mann, der gern soviel Macht haben wollte wie der Teufel. Es war vor allem sein Wunsch, die Menschen in der Hölle ebenso verbrennen zu können, wie es der Teufel tat.

So schloß er denn mit dem Teufel einen Pakt, um sein Ziel zu erreichen. Sie wollten, so machten beide aus, eine Wettfahrt unternehmen, die von den Rauener Steinen ausgehen und durch die Luft über das ganze Spreetal führen sollte. Siegt der Teufel, so sei die Seele des Überwundenen ihm verfallen. Kommt aber der Mann auf der gegenüberliegenden Seite des Tales zuerst an, so würde ihm die gewünschte Macht verliehen werden.

Als sie nun beide in wilder Jagd durch die Luft dahinbrausten, brach am Wagen des Teufels eine Radspeiche krachend entzwei, und gerade über dem Marktplatz der Stadt löste sich das schadhafte Rad von der Achse, das mit Schwung dahinrollte. Nun hatte aber des Teufels Gegner einen Raben bei sich, der ihn stets umflatterte und nicht von seiner Seite wich. Kaum hatte der Rabe das Mißgeschick des Teufels gesehen, als er eiligst herzuflog, das verlorene Rad in den Schnabel nahm und sich auf den Kirchturm setzte.

Aus Ärger ließ ihn der Teufel dort oben zu Stein werden. Seitdem hat die Wetterfahne des Turmes die Gestalt eines Raben, der einen Ring im Schnabel hält.

Aufgezeichnete Erzählung aus Rauen und Fürstenwalde

Der Knabe und die Schwanenmädchen

Einst ruderte ein Knabe südwärts von Pieskow und sah drei Schwäne auf dem Wasser schwimmen. Er fuhr ihnen eilends nach, konnte sie aber nicht erreichen. Weil es hohe Mittagszeit war und die Sonne so sommerlich warm schien, wurde er müde und schlief ein.

Wie er erwachte, lag er in einem goldenen Bette inmitten eines gläsernen Feenpalastes auf dem Grunde des Scharmützelsees. Neben ihm standen drei wunderschöne Mädchen, jene drei Schwäne, die er gesehen hatte. Die hegten und pflegten ihn, und es gefiel ihm wohl bei den drei lieblichen Schwestern. Unter Sang und Klang und bei reich gedeckten Tischen flogen ihm die Tage nur so dahin. Als aber die drei Mädchen wieder einmal als Schwäne fern vom Grunde des Sees auf seinen Fluten weilten und der Knabe sich mutterseelenallein im Palast sah, packte ihn das Heimweh gar mächtig, so daß er zu weinen begann und nach seiner Mutter rief. Sofort stand ein altes Weib vor ihm, das ihn nach Pieskow zurückbrachte.

Doch wer nun einmal die Herrlichkeiten des Feenreiches gekostet hat, dem gefällt es nim-

Der Wettbewerb mit dem Teufel

mermehr auf der Erde. Der Knabe schlich von Stund an in jeder freien Zeit an den Scharmützelsee und blickte sehnsüchtig nach den drei Schwänen aus. Sie kehrten indes niemals wieder.

Aufgezeichnete Erzählung um 1840 aus Bad Saarow-Pieskow

Der Nix mit dem Kuchen

Einmal sahen zwei Bauern, die am Ufer des Scharmützelsees Gras mähten, aus dem Wasser Rauch aufsteigen, und einer sagte zum anderen: «Da backt der Nix Kuchen!» Nicht lange dauerte es, so erschien der Nix mit einem schönen Napfkuchen.

Die Bauern wischten sich den Mund, denn Kuchen galt ihnen als ein Leckerbissen. «Eßt ihn ganz auf, aber laßt ihn ganz, sonst kostets euch den Hals«, rief der Nix und machte sich davon. Die Schnitter, klug und bedacht wie alle Märker, höhlten den Kuchen in der Mitte völlig aus und ließen nur den Rand übrig. «Das hat euch der Teufel gelehrt!» rief der Nix, als er zürückkam und sich betrogen sah, und verschwand im Wasser.

Mündliche Erzählung nach 1900 um den Scharmützelsee

Die untergegangene Stadt im Scharmützelsee

In alter Zeit breitete sich anstelle des von schönen Waldungen umrahmten Scharmützelsees ein großer Elsenbusch aus, in dem nur ein kleiner Pfuhl lag.

Einstmals angelten auf diesem Pfuhl zwei Fischer und zogen an ihrer Schnur plötzlich eine große Glocke herauf. Nur mit Mühe gelang es ihnen, sie an die Oberfläche zu bringen. Da fing die Glocke auf einmal an zu sprechen und fragte die erstaunten Fischer: «Wasser oder Land?» Sie antworteten natürlich: «Wasser». Da ging die Glocke wieder unter. Aber das immer mächtiger hervorquellende Wasser bildete allmählich anstelle des Elsenbusches einen großen See. Dabei ist denn wohl manches Dorf und manche Stadt untergegangen.

Am Schwarzen Horn, einer Halbinsel bei Wendisch Rietz, gegenüber von Diensdorf, haben die Fischer am Johannistag schon oft die Dächer der Häuser und die Spitze des Kirchturms gesehen und die Glocken aus der Tiefe klingen hören.

Mündliche Erzählung vor 1900 um den Scharmützelsee

Zwanzig Einwohner und ein Paar Stiefel

Vor vielen Jahren war Demnitz ein armes Dorf. Zehn Bauern wohnten dort, sechs Kossäten und vier Büdner. Sie schämten sich ihrer Armut und hatten nicht einmal ordentliches Schuhwerk. Hin und wieder mußte aber einer in die Stadt, um Besorgungen zu machen oder amtliche Angelegenheiten zu regeln. Da wollten sie sich nicht wegen ihrer Holzpantinen auslachen lassen.

Drum ließ der Schulze ein Paar Stiefel fertigen, und wer in die Stadt ging, konnte sich die Stiefel ausleihen. Wenn aber mehrere Dörfler zur Stadt wollten, marschierten sie alle in ihren Holzpantinen bis zum Stadttor. Dort zog dann der erste die Stiefel an und ging seinen Geschäften nach. Dann zog der nächst die Stiefel an und so fort, bis jeder seine Einkäufe erledigt hatte. Und gemeinsam begaben sie sich wieder auf den

Die untergegangene Stadt im Scharmützelsee

Heimweg und lieferten die Stiefel beim Schulzen ab.

So gingen die Demnitzer vor den Augen der Städter immer gestiefelt und brauchten deren Spott nicht zu fürchten.

Mündliche Erzählung um 1970 von Richard Oßwald aus Demnitz

Das Steinkreuz an der Marienkirche zu Berlin

Am Turmeingang der Marienkirche zu Berlin steht seit vielen hundert Jahren ein Steinkreuz, das vorn fünf Löcher hat. Darin waren früher die Eisenstäbe der Ewigen Lampe eingelassen, die Tag und Nacht brannte.

Über das Kreuz wird viel erzählt. Die meisten halten es für ein Wahrzeichen aus der Markgrafenzeit und sagen, die Berliner hätten es zur Strafe oder zur Sühne setzen müssen, weil sie den Propst von Bernau erschlugen. Dieser Probst Nikolaus von Bernau soll ein Anhänger des Herzogs Rudolf von Sachsen gewesen sein, der nach dem Tode des Markgrafen Waldemar Ansprüche auf die Mark erhob, während die Berliner zu ihrem Landesherrn, dem Markgrafen Ludwig dem Älteren, hielten. Da sei der Propst Nikolaus in Berlin erschienen, in die Marienkirche gegangen und habe eine heftige Rede gegen die Berliner gehalten, weil sie den Herzog Rudolf nicht anerkennen wollten. Und in seiner Rede nannte er sie «Verblendete» und «Schurken».

Es war aber an diesem Tage gerade Markt in Berlin, und viele Menschen hatten sich auf dem Platz vor der Marienkirche eingefunden. Da pflanzte sich die wilde Rede des Propstes von Mund zu Mund fort bis zu der Menge draußen auf dem Neuen Markt und erzürnte die Leute mächtig. Sie drangen in die Kirche ein, holten den Propst von der Kanzel herunter, zerrten ihn bis vor die Kirchentür und erschlugen ihn. Dann errichteten sie auf dem Neuen Markt einen Scheiterhaufen und verbrannten die Leiche. Es wird auch berichtet, der Propst habe noch Zeit gehabt, in die Propstei zu flüchten, sei aber von dem wütenden Volkshaufen herausgeholt und auf dem Neuen Markt lebendig verbrannt worden. Das soll am 16. August 1325 geschehen sein.

Da wurde dann der Bann über die Stadt Berlin ausgesprochen. Es durften keine Glocken geläutet, Brautpaare getraut, Kinder getauft werden. Kein Priester durfte dem Sarge folgen. Erst runde zehn Jahre später wurde der Bann von Berlin genommen, und die Einwohner mußten eine Sühne in Form einer hohen Summe Geldes zahlen, in der Marienkirche einen neuen Altar bauen und an der Stelle des Mordes ein hohes Steinkreuz mit einer Ewigen Lampe errichten.

Mündliche Überlieferung aus Berlin und Bernau: Papiere im Märkischen Museum Berlin von Alberts über Sagen und Märchen der Vorzeit, 1845

Die Prinzessin im Markgrafenstein

Unweit des Dorfes Rauen ist der Markgrafenstein, ein gewaltiges Felsstück, dessen eine Hälfte im vorigen Jahrhundert zu einer großen Schale verarbeitet wurde, die in Berlin vor dem Alten Museum steht. Am Markgrafenstein war es immer nicht geheuer. Da hörte man oft ein klägliches Winseln, das rührte von einer Prinzessin her, die der Teufel dort gefangenhielt. Andere sagen, es sei keine Prinzessin gewesen, sondern eine Müllerstochter aus Rauen. Am ersten Pfingsttage war es an vielen Orten

Die Prinzessin im Markgrafenstein

der Mark Brandenburg und auch in Rauen Sitte, daß den Kühen derjenigen Magd, die ihr Vieh am Morgen zuletzt auf die Weide getrieben hat, ein bunter Kranz umgehängt wurde, und man sagte dann, sie habe «die bunte Kuh» bekommen, was für eine große Schande gehalten wurde. So hatte denn auch einmal die Tochter des Müllers die Zeit verschlafen, und als sie ihre Kühe hinaustrieb, waren die anderen schon längst auf der Weide. Das ging ihr so zu Herzen, daß sie anfing, bitterlich zu weinen, und sich «verwünschte». Nun hatte aber der Teufel von alter Zeit her in dem Markgrafenstein sein Schloß und stand gerade oben auf dem Stein. Da flog er schnell hinab, packte sie und führte sie mit sich in den Stein, wo sie bis zum Jüngsten Tag sitzen sollte. Ihr Bräutigam, ein junger Müllerbursche, hat sie zu retten versucht und den Stein mit gewaltigen Hammerschlägen sprengen wollen. Es ist ihm nicht gelungen. Rings um den Stein sah man aber noch lange nachher die tiefen Löcher.

Mündliche Erzählung um 1840 aus Rauen

Siegmund Nieverschrocken

Als die Bischöfe von Lebus die Stadt Fürstenwalde erwarben und dort ihre schöne Domkirche bauten, hatte Bischof Dietrich von Bülow an seinem Hofe einen Ritter mit Namen Siegmund Nieverschrocken. Der muß dann später in Mittenwalde verstorben sein, denn dort hängt sein Schild in der Kirche.

Dieser Nieverschrocken war klein von Person, hatte aber einen großen Mut und fürchtete sich vor niemanden, er sei so groß gewesen, wie er wollte. Darum haben ihn die anderen bei Hofe allzeit beneidet. Und wie der Bischof einmal am Kamin gesessen, baten sie ihn, er möchte doch den Nieverschrocken zu sich rufen, als wollte er ihm etwas Heimliches sagen, um ihn dann «anzuschnarchen». Wenn er sich dann entsetzen würde, hätten Seine Bischöfliche Gnaden alle Ursache, ihn verzagt zu schelten. Der Bischof läßt sich bereden und ruft Nieverschrokken zu sich. Als der Ritter ihm das Ohr hinhält, schnarcht er ihn greulich an. Der aber schlägt dem Bischof seine Faust ins Gesicht, daß er mitsamt dem Sessel umfällt, und sagt: «Ich meinte, du seiest ein Mensch. Du aber bist ein Hund geworden», und damit geht er davon. Die Diener laufen herzu und bringen ihren Herrn wieder auf die Beine. Sie meinen nun, es würde eine große Ungnade auf ihn fallen. Aber der Bischof läßt Nieverschrocken wieder fordern und sagt: «Du sollst hinfort mein vertrauter Diener sein, auf welchen ich mich zu allen Zeiten verlassen kann. Denn wenn du mich nicht schonst, wirst du meine Feinde viel weniger schonen!» Er hat ihn seitdem viel lieber gehabt und war ihm mit allen Gnaden gewogen.

Ort: Fürstenwalde

Der Schneider von Petersdorf

An dem kleinen, länglichen Petersdorfer See, der zwischen den Rauener und den Duberower Bergen eingebettet ist als eine Fortsetzung des Scharmützelsees, fuhr einst ein Knecht auf seinem mit Spritfässern beladenen Wagen vorbei. Da er selbst tüchtig getrunken hatte, so bemerkte er nicht, daß ihm eines der Fässer hinten vom Wagen herabkullerte und leck geworden, den Inhalt auf die Erde goß.

Zufällig kamen gerade wilde Gänse geflogen und tranken, nachdem sie sich niedergelassen

Der Schneider von Petersdorf

hatten, gierig die ungewohnte Flüssigkeit, so daß sie bald betäubt wurden und wie tot dalagen. Ein Schneider, der des Weges daherkam, meinte, an ihnen gute Beute gefunden zu haben, und steckte soviel wie möglich mit den Hälsen an seinen Gürtel. Doch allmählich begannen die Gänse aus dem Rausch zu erwachen, regten ihre Flügel und trugen das fassungslose Schneiderlein, das sich so schnell nicht losmachen konnte, durch die Luft davon. Dann ließen sie sich in den Petersdorfer See hinab.

Der Schneider aber soll seitdem noch immer im Wasser zappeln.

Ort: Petersdorf

General Sparr als Hexenmeister

Der General Sparr ist bei Lebzeiten ein großer Zauberer gewesen, und das kam daher, weil er einen Bund mit dem Teufel gemacht hatte. So hatte er denn zum Beispiel, wenn er Fisch aß, die Gräten in einen Napf gespien und Wasser drauf gegossen, und sogleich sind es wieder lebendige Fische gewesen.

Auch durch die Luft flog er dahin, über Wälder und Seen. Namentlich sah man ihn oft vor seinem Schlosse in Prenden, das er sich aufs künstlichste mit einer Zugbrücke erbaut hatte, nach Lichterfelde, das ihm ebenfalls gehörte, fahren.

Einmal sah ihn ein Bauer eben aus dem Prendenschen Schlosse kommen und folgte mit seinem schwer beladenen Ackerwagen dicht immer hinterdrein. Wie im Sturm ging es über Feld und Wald, bis sie endlich wieder auf ebener Erde stillhielten. Der alte Sparr hat das übel vermerkt, drehte sich schnell um und sagte: «Diesmal habe ich dich noch so mitgenommen, und du kommst glücklich davon. Aber versuchs nicht wieder.»

Ein andermal fuhr er durch die Luft, da fiel dem Kutscher die Peitsche aus der Hand und blieb am Kirchturm zu Biesenthal hängen. Jener wollte sich bücken, um sie aufzuheben, aber da hielt ihn der alte Sparr zurück und sagte: «Bedenke, mein Sohn, wo du sitzt!» Da sind sie dann weitergefahren. Die Peitsche aber soll noch lange nachher am Biesenthaler Kirchturm zu sehen gewesen sein.

Als es nun mit dem alten Sparr zu Ende gegangen, da hat er lange gelegen und hat nicht leben, nicht sterben können. Endlich haben sie ihm die Fußsohlen aufgeschnitten und dort die Oblaten gefunden, die er beim Abendmahl einst genossen. Sobald sie aber herausgenommen waren, ist seine Seele sogleich davongefahren. Kaum war er tot, da ließ sich um Prenden unaufhörlich die Wilde Jagd hören und ließ die Leute keine Nacht in Ruhe.

Da begegnete es auch einmal einem Bauern, daß er das Halali und Jagdgeschrei hörte und in seinem Übermute mit einstimmte. Aber alsbald wurde es still, und eine Stimme rief:

«Hast du helfen jagen,
sollst du auch helfen tragen!»

Und sogleich flog ihm eine Menschenlende auf den Rücken, an deren Fuß noch ein Schuh mit einer Schnalle saß, auf welcher der Name dessen, dem sie gehört hatte, zu lesen war. Schnell warf er seine Last ab. Aber das half nicht. Sie saß ihm sogleich wieder im Rücken, und soviel er sich auch mit Abwerfen abmühte, er konnte sie nicht los werden. Da riet ihm einer, er solle sie doch nach dem Wildkeller des Sparrschen Schlosses tragen. Das tat er und wurde sie auf diese Weise glücklich los.

Mündliche Erzählung vor 1840 aus Prenden

General Sparr als Hexenmeister

Der Blumenthalsche See

Wie einige Leute erzählen, ist die Stadt, die einst im Blumenthal gestanden, in dem dortigen schönen See untergegangen, und daher mag auch der große gelbe Koffer, der ganz mit Eisen beschlagen ist, hineingekommen sein. Man sieht nämlich zuweilen einen solchen dort auf dem Wasser schwimmen, aber kein Mensch kann ihn herausziehen, und wenn die Fischerknechte ihn mit Stricken herausziehen wollten und ihn oft schon ganz sicher zu haben glaubten, waren die Stricke plötzlich wie abgeschnitten und der Koffer wieder an der alten Stelle.

Überdies ist das Herausziehen sehr gefährlich, denn mancher, der es tun wollte, ist schon dabei im See ertrunken. Es muß aber etwas Wunderschönes darin sein, denn am zweiten Adventstage hört man den ganzen Tag über eine herrliche Musik, wie von Pauken und Trompeten und auch Gesang, und das kommt aus dem Koffer. Ein Schäfer war einst gerade an diesem Tage mit einem alten Fischer und noch anderen dort in der Nähe, und es war ihnen allen schon den ganzen Tag wie Musik in den Ohren. Als sie nun dem See näherkamen, wurde diese immer deutlicher, und wie sie endlich am Ufer anlangten, sahen sie den Koffer und hörten die Musik in ihrer ganzen Schönheit.

Wunderbares kann man aber noch am Neujahrstage dort erleben, denn da sieht man Leinen quer über den ganzen See gezogen. Darauf hängt die allerfeinste Wäsche, und zwar so schöne Hemden, Überzüge, Handtücher, Laken und dergleichen mehr, daß sie wohl jeder gern haben möchte. Zum See führen dann ordentliche, von Rasen gemachte Stufen hinab, und es scheint so recht einladend gemacht, daß einer die Wäsche holen solle.

Eine Frau kam nun einmal am Neujahrstage des Weges, und da der See immer an dem Tage zugefroren ist, heute aber gerade so fest war, daß man noch die Spuren der schweren Holzwagen sah, die darüber gefahren waren, konnte sie dem Gelüste nicht widerstehen und wollte eines der schönsten Stücke holen. Aber wie sie hingeht und faßt nur kaum die erste Klammer an, gibts ein fürchterliches Krachen, das Eis bricht unter ihr zusammen, und sie hätte unfehlbar ertrinken müssen, wenn ihr nicht noch die Fischer, die gerade auf dem See fischen wollten, zur rechten Zeit zur Hilfe gekommen wären.

Wie einige erzählen, soll sich dies alles nicht auf dem Blumenthal-See, sondern auf dem Straus-See zugetragen haben.

Mündliche Erzählung vor 1840 aus Blumenthal und Strausberg

Junker Hansens Kehle bei der Pritzhagener Mühle

Bei der Pritzhagener Mühle zieht sich eine tiefe, zerklüftete Schlucht hin. Die nennt man «Junker Hansens Kehle». In der ist es des Nachts nicht so richtig.

Sie hat ihren Namen von dem Letzten derer von Rützen, oder wie man in der Gegend sagt, von Rutze, der dort zu Tode gekommen. Den Herren von Rützen gehörte früher das Dorf Pritzhagen. Sie waren gewaltige Jäger vor dem Herren und ließen nicht davon ab, obwohl ihnen eine alte Weissagung verkündet hatte, das edle Waidwerk würde der Untergang des Geschlechtes sein. So war denn auch Junker Hans von Rützen, der letzte seines Stammes, ein leidenschaftlicher Jäger. Einmal jagte er hoch zu Roß, die Peitsche in der Hand, hinter einem mächtigen Hirsch her, den die Hunde aufgespürt hatten. Zuletzt stürzte sich das verfolgte Tier aus

Junker Hansens Kehle bei der Pritzhagener Mühle

Angst und Schrecken in eine der tiefen Kehlen, an denen die Landschaft dort so reich ist, und der besessene Jäger ihm nach in die grauenvolle Tiefe. Und wie nun das Pferd unter ihm zusammenbrach, setzte er doch verbissen die Verfolgung zu Fuß fort. Da kehrte sich der geängstigte Hirsch, wie er keinen Auweg mehr sieht, um und spießt den Verfolger mit seinem Geweih auf. So starb der letzte Rützen, denn da er noch jung war, hinterließ er keine Erben.

Des Nachts aber geht er um und durchtobt mit lautem Hallo die Schlucht, die nach ihm «Junker Hansens Kehle» bis auf den heutigen Tag heißt. Wenn dann die Turmuhr aber eins schlägt, versinkt er mit dem wimmernden Rufe: «Helpt, helpt!»

Mündliche Erzählung nach 1850 aus Buckow

Frau Harke und der Dom zu Havelberg

Vor alten Zeiten hat auf dem Stoellenschen Berge eine Riesenfrau gewohnt. Die hieß Frau Harke. Einmal hat sie einen großen Stein zu fassen gekriegt und hat damit den Havelberger Dom in Klump schmeißen wollen. Der Stein ist ihr aber aus den Händen geglitten und auf die Stoellensche Feldmark niedergefallen, wo er noch lange gelegen hat. In dem Stein hat man auch ordentlich können die Löcher sehen, wo sie mit ihren Fingern hingefaßt hat. Und es sind auch noch eine Menge langer Streifen darin gewesen. Das soll daher gekommen sein, daß Frau Harke, als ihr der Stein aus der Hand rutschte, so wütend geworden ist, daß sie einen großen Strahl auf den Stein pißte, der so stark war. Andere erzählen wieder, Frau Harke hätte den Stein wirklich nach Havelberg geworfen, doch der Wurf wäre etwas zu kurz gewesen und der Stein daher vor dem Dom niedergefallen. Der Havelberger Bischof aber hat einen anderen Stein genommen und nach den Stoellenschen Bergen geworfen. Seit dieser Zeit aber ist Frau Harke vom Erdboden verschwunden.

Mündliche Erzählung vor 1840 aus Havelberg

Herr von Kahlebutz verwest nicht

Einst hauste zu Kampehl ein Kornett von Kahlebutz. Der war ein jähzorniger Mann. Eines Tages wollte er nach Wusterhausen reiten. Da traf er am Bückwitzer See, gerade da, wo der Weg über die Schwänze geht, einen Schäfer. Mit dem geriet er in Streit wegen des Weideplatzes. Als der Schäfer nun sein gutes Recht behauptete, erschlug ihn der jähzornige Mann. Es hatte zwar niemand gesehen, doch lenkte sich der Verdacht auf ihn. Das Gericht in Neustadt lud ihn vor. Der Kahlebutz leugnete aber die Tat und schwor, daß er nimmermehr seine Hand gegen den Schäfer erhoben habe. Würde er falsch schwören, dann sollte sein Leib niemals zu Staub werden und sein Geist umherwandeln ohne Ruhe bis auf den Jüngsten Tag.

Als er gestorben war, wurde klar, daß er einen Meineid geschworen hatte. Sein Leib blieb unverwest im Sarge liegen. Selbst ein Teil seiner Kleidung hat sich erhalten. Aber sein Geist spukt am Ort der bösen Tat um Mitternacht herum und straft jeden Spötter. So erging es einem französischen Soldaten 1806 mehr als schlecht. Es war ein Deutscher aus dem Elsaß. Der nahm den Leichnam aus dem Sarge, legte ihn verkehrt wieder hinein und schimpfte ihn ein Scheusal und Mörder. Er forderte ihn auf, ihn in seinem Quartier zu besuchen, denn da wollte er ihn wohl empfangen. Am anderen Morgen fand man den Elsässer, er lag beim Schulzen im Quartier, angezogen, aber tot auf seinem Lager. Ihm war das Genick umgedreht, und ein Blutsturz hatte sich aus Nase und Mund ergossen. Es fand sich aber kein Schuldiger, denn alle Fenster und Türen waren von innen fest verschlossen.

Mündliche Erzählung vor 1850 aus Kampehl

Der Pilatsch

Beim Dorfe Molkenberg nahe Rathenow teilt sich die Havel in zwei Arme und bildet eine Insel mit einem kleinen Berg. Der wird Pilatsch genannt. Vor vielen Jahren hat hier ein Raubschloß gestanden, dessen Herr die Schiffe auf der Havel überfiel, sie ausraubte und die Schiffer in die Sklaverei verkaufte. Der Ritter aber hat ein böses Ende genommen und fand nun im Grabe keine Ruhe. Seine Schätze aber hat er im Pilatsch vergraben, die er bewacht.

Ein Bauer hatte davon gehört und wollte die Schätze heben. Er kaufte sich eine Wünschelrute, mietete einen Kahn und Leute und fuhr in einer Nacht über die Havel zum Pilatsch. Hier schien anfangs alles nach Wunsch zu gehen. Die Rute schlug aus, und just an der Stelle fanden sie viel goldenes Geschmeide, dazu Silbertaler in großer Anzahl. Stumm rafften sie alles zusammen und schleppten die schwere Last mühselig dem Boot zu. Aber je weiter sie gingen, desto schwerer wurde ihnen die Last. Schließlich drohte sie ihren Händen ganz zu entgleiten. In seiner Angst vergaß der Bauer alle Vorsicht und rief seinen Leuten zu: «Holl wis!»

Da war der ganze Schatz wieder verschwunden, und sie mußten leer nach Hause ziehen.

Ort: Molkenberg

Die Herkunft derer von Bredow

Einmal hat der Teufel Musterung auf der Erde gehalten und Edelleute, die ihm nicht gut genug waren, in einen großen Sack gesteckt und ist lustig damit zur Hölle geflogen. Wie er nun über der Stadt Friesack ist, streift sein Sack hart an die Spitze des Kirchturms. Es wird ein Loch hineingerissen, und die ganze Gesellschaft fällt heraus, ohne daß der Teufel etwas merkt. Das sind die Herren von Bredow gewesen. Die waren froh, diesmal noch den Krallen des Teufels entkommen zu sein. Zum Andenken nannten sie die Stadt Freisack oder Friesack, und von hier haben sie sich dann über das ganze Havelland verbreitet.

Mündliche Erzählung vor 1840 aus Friesack

Nippel von Bredow und der Teufel

Eine Meile von Friesack weg liegt das Dorf Landin. Unweit davon erhebt sich der Teufelsberg. Seinen Namen verdankt er folgender Begebenheit:

Zu Landin wohnte vor langen Jahren Nippel oder Napel von Bredow. Der war ein großer Verschwender und verpraßte bald sein väterliches Erbteil. Dadurch geriet er in äußerste Bedrängnis und wußte bald nicht mehr, wo das Geld herzunehmen, um seine Gläubiger zu befriedigen. Da mußte er zum letzten Mittel Zuflucht nehmen und schloß einen Bund mit dem Teufel. Der Teufel gewährte unserem Napel alles, was er nur verlangte, forderte dafür aber nachher seine Seele. Dieser Bund wurde auf dem Teufelsberg geschlossen.

So lebte Nippel wie zuvor, bis endlich die Zeit kam, daß der Vertrag zu Ende ging. Nun machte es ihm doch Sorgen, daß er schon sterben und in die Hölle sollte. Er ging tiefsinnig umher und war wie umgewandelt. Das fiel seinem Schäfer auf. Der hatte Mitleid mit seinem Herrn und fragte ihn eines Tages um die Ursache seiner Trauer. Nippel erzählte ihm ohne Rückhalt, wie er mit dem Teufel einen Bund geschlossen und daß jetzt die Zeit des Vertrages bald um sei. Da riet ihm der Schäfer, vom Teufel zu fordern, ihm einen Scheffel bis zum Rande mit Geld zu füllen. Den Scheffel aber sollte er über einem tiefen Loch im Teufelsberg anbringen, der dann bei jedem Schütt umschlage. So würde sich der Teufel vergeblich mühen, den Scheffel zu füllen, und Nippel des Vertrages ledig sein. Über diesen Rat war Nippel hocherfreut, er tat alles, was ihm der Schäfer gesagt hatte, und ging in der folgenden Nacht zum Teufel. Der war auch bereit, seine Forderungen zu erfüllen.

Da schleppte er denn einen großen Sack mit Geld heran. Aber er schüttete und schüttete, und es nahm kein Ende. Nie wurde der Scheffel voll. Er nahm einen zweiten, dritten und viele weitere Säcke. Aber auch damit wollte es nicht gelingen. Da wurde er endlich unmutig und rief: «Nippel, Napel, Neffel, was hast du für ein' großen Scheffel»! Er nahm den Vertrag, warf ihm den vor die Füße und flog ärgerlich von dannen.

Mündliche Erzählung vor 1840 aus Landin

Doktor Faust

Der berühmte Doktor Faust soll ehemals in Neuruppin gelebt haben. Da habe er gewöhnlich des Abends mit einigen Bürgern Karten gespielt und immer sehr viel gewonnen. Eines Abends nun fiel einem der Mitspieler eine Karte unter den Tisch, und als er sie aufhob, sah er, daß der Doktor einen Pferdefuß hatte. Da ist denn allen sogleich klar gewesen, warum er immer so viel gewonnen hat. Lange Zeit nach seinem Tode hat man ihn noch öfters in einem Dikkicht am See mit mehreren Leuten am Tische sitzen und Karten spielen gesehen. Und da soll er noch jetzt sein Unwesen treiben.

Mündliche Erzählung vor 1840 aus Neuruppin

Die alte Spinnerin

An der Straße von Gransee nach Schönermark stand vor vielen Jahren ein kleines, halb verfallenes Gehöft. Von dem ging das Gerücht, daß es in diesem Anwesen spuke. So scheute sich jedermann, das alte Häuschen zu betreten.

Eines Tages kam ein junges Brautpaar in die Stadt. Das war so arm, daß es keine Bleibe fand. Und aus Not zogen sie in das verrufene Häuschen. Der Mann arbeitete fleißig von früh bis spät, und seine Frau ging ihm unermüdlich dabei zur Hand. So dauerte es auch nicht lange, daß das kleine Anwesen schmuck und wohnlich aussah. Schon lebten die beiden jungen Leute eine ganze Zeit friedlich in dem Häuschen, daß sie kaum noch an den Spuk dachten. Da ging eines Abends die Tür zur Stube auf, und herein kam ein altes Mütterchen mit einem Schemel und einem Spinnrocken in der Hand. Ohne Gruß und ohne die jungen Leute zu beachten, setzte sich die Alte an den Ofen und begann zu spinnen. Nach ein paar Stunden emsiger Arbeit erhob sie sich wieder und ging schweigend, wie sie gekommen war.

Anfangs waren Mann und Frau nicht wenig erschrocken über diesen geheimnisvollen Besuch. Wie nun aber das Mütterchen Abend für

Doktor Faust

Abend wiederkam, gewöhnten sie sich daran und blieben ruhig am Tisch sitzen, während die Alte spann. Sie redete kein Wort dabei und antwortete auch auf keine Frage. Da ging eines Abends der Mann noch einmal in die Stadt, um etwas zu besorgen, was er vergessen hatte. Die junge Frau setzte sich an den Tisch und puhlte Bohnen aus, schaute aber diesmal genauer zu, wie die Alte spann. Auf einmal rief sie: «Großmutter, Ihr spinnt ja linksherum!» Da dankte ihr die Alte zum ersten Mal, weil die junge Frau sie damit von einem Fluch erlöst hatte. Zum Lohne dafür tat sie ihr kund, daß unter den Steinen, auf denen ihr Schemel und ihr Spinnrad stand, ein Topf voller Goldstücke verborgen liegt. Sie solle ihn ausgraben, doch so, daß ihr Mann nichts davon erfährt. Erst am dritten Tage solle sie ihm davon berichten. Dann ergriff sie Schemel und Rocken und ging hinaus. Sie kam niemals wieder.

Die junge Frau aber grub an der angegebenen Stelle, fand den Topf mit den Goldstücken, versteckte ihn und erzählte ihrem Mann erst drei Tage später davon. Die jungen Leute aber waren ihr Lebelang sehr glücklich miteinander, lebten in dem kleinen Häuschen, wurden wohlhabend und halfen vielen alten Leuten, die in Not geraten.

Ort: Gransee

Die zwölf Apostel im Havelberger Dom

Aus einem der Kreuzgänge des Doms zu Havelberg führte ein unterirdischer Gang bis zu dem Städtchen Wilsnack, das durch sein Wunderblut bekannt wurde. Aber es war schon seit langen Jahren niemand mehr in dem Gang gewesen. Früher glaubte man große Schätze dort unten. Es wurden mehrmals Verbrecher hinabgeschickt, den Gang zu untersuchen. Aber sie müssen alle darin umgekommen sein. Einmal ist einer nun zurückgekehrt. Der hat berichtet, daß dort unten Bildsäulen der zwölf Apostel aus purem Golde liegen. Ob sie aber noch da sind, weiß keiner mehr zu sagen.

Der Amtmann von Chorin

Folgendes wird vom bösen, gewalttätigen Choriner Amtmann und seinem Ende erzählt:

Eines Tages begegnete der König unterwegs einem Transport sehr schöner Gewölbesteine aus dem Kloster Chorin. Die Fuhrleute aber stöhnten und fluchten. Er erkundigte sich bei ihnen, woher sie die schönen Steine hätten und was für abgetriebenes Vieh. Da antwortete ihm der Vormann des traurigen Zuges, der alte Schmied Pinkpank:

«O Herr, de Steene sin gestahlen.
Unsen Amtmann soll de Düwel halen!»

«Brök ook den ängern det Mul up!» sagte drauf der Alte Fritz. Da klagten sie ihm ihr Leid. Der schickte sofort einen berittenen Boten nach Chorin, der Amtmann solle sogleich zu ihm aufs Schloß nach Berlin kommen. Der Amtmann ahnte nichts Böses, ließ seine blinkende Glaskutsche mit sechs Schimmel bespannen und fuhr «plängschaß» nach Berlin in der Meinung, der König habe Lust, einmal einen richtigen, tüchtigen und reichen Amtmann aus der Uckermark zu sehen und zu sprechen.

Bei seiner Ankunft wurde er aber sogleich vor den Richter geführt und ohne Umstände zum Tode verurteilt. Vor Angst schlotternd, begann er um Gnade zu betteln. Der König schenkte ihm das Leben, wofür er harte Bedingungen stellte. Für seine Diebereien am Klostergebäude mußt er eine schwere Geldbuße zahlen. Als Strafe für seine Schindereien an Menschen und Vieh aber legte ihm der Scharfrichter einen Strick um den Hals, den er sein Leben lang tragen mußte. Dann kam er auf die Festung nach Spandau, wo er nunmehr alljährlich vierzehn Tage lang eine schwere Kugel karren mußte.

Nach seinem Tode durfte keine Blume seinen Grabhügel schmücken. Nur ein harter Stein mit einer Kugel obenauf lag auf dem Grab. Den deuteten manche als Kopf des Amtmanns, den ihm der König neu geschenkt hatte. Der soll sich von Zeit zu Zeit bewegen und sich hin und her drehen. Das bedeutet dann Unglück, und die Leute sprechen vor sich hin:

«Et wackelt der Kopp,
der Strick wringt den Nacken,
der Düwel mät'n Amtmann,
de spälen uphacken!»

Aufgezeichnete Erzählung um 1900 aus Chorin

Der unsichtbare Bauer

Nur in der Johannisnacht (24. 6.), in der Stunde zwischen elf und zwölf Uhr, blüht das Kraut Reenefarre oder Rainfarren, und wer diese Blüte bei sich trägt, der wird dadurch den übrigen Menschen unsichtbar.

So erging es einmal auch einem Bauern in der Gegend von Brodowin. Der fuhr nämlich gerade zu dieser Zeit mit seiner Frau nach der Stadt, um Bier zu holen, und stieg, da die Pferde im Sande nur langsam gehen konnten, vom Wagen, um ein Weilchen nebenher zu laufen. Auf einmal bemerkt seine Frau, daß er verschwunden ist, aber gleichwohl sieht sie, daß die Zügel wie vordem gehalten werden. Sie ruft ihn daher, und er antwortet ganz verwundert, ob sie ihn denn nicht sehe, er sei ja dicht neben ihr am Wagen. Aber sie sah ihn nicht, und dabei war es doch, da ja Johannisnacht war, so helle, daß man hätte eine Stecknadel finden können.

So ging es fort bis nach der Stadt. Sie sprach mehrmals mit ihm, er antwortete auch, blieb aber immer noch unsichtbar. Als sie nun nach der Stadt kamen, hörte der Wirt und alles Hausgesinde wohl den Bauern reden, aber sie sahen ihn nicht, so daß dem Bauern ganz angst wurde, weil er nicht wußte, was er daraus machen sollte. Da sagte ihm der Wirt, der ein kluger Mann war, er solle doch einmal die Schuhe ausziehen. Das tat er auch, und augenblicklich war er wieder sichtbar.

Aber nun war an seiner Stelle der Wirt verschwunden. Nach einer kleinen Weile kam auch dieser wieder zum Vorschein und brachte dem Bauern seine Schuhe, und nun waren beide wieder sichtbar wie zuvor. Das war, wie der Wirt in späterer Zeit einmal erzählt hatte, daher gekommen, daß der Bauer während des Gehens mit seinen Füßen die Blüten vom Rainfarren abgestreift hatte und diese ihm in die Schuhe gefallen waren. Daher hatte ihm der Wirt geraten, er solle dieselben ausziehen, und hatte in seiner Kammer die Blüten herausgeschüttet, die er darauf zu seinem Nutzen, da ja der Bauer nichts davon wußte, aufbewahrt hatte.

Mündliche Erzählung um 1830 aus Brodowin

Bärens Kirchhof bei Joachimsthal

In der Grimnitzer Forst liegt in der Nähe der Försterei Lindhorst auf der Höhe eines mäßigen Abhangs an den Plötzenpfühlen ein Platz, der mit großen Steinen umgeben ist, der heißt «Bärens Kirchhof» und soll seinen Namen von einem Förster Bärens haben, der dort begraben liege. Es sollte in der Grimnitzer Forst nämlich einmal, wie es heißt, zur Zeit des Kurfürsten Joachim eine große Schweinejagd gehalten werden, und der damalige Haidereuter namens Bärens begab sich deshalb drei Tage vorher an den Ort, den der Kurfürst umstellen ließ, um die Schweine zu körnen und zu beobachten. Wie er sich nun hier befand, hörte er des Nachts nach zwölf Uhr eine Stimme aus einem nahe gelegenen Bruche, welche fragte: «Ist der Stumpfschwanz oder auch der Stroppschwanz da, der den Fürster Bären zu Tode bringen soll?» Diese Stimme hörte er in der folgenden Nacht wieder, und er erzählte alles dem Kurfürsten, dem er jedoch zu gleicher Zeit seine Vermutung äußerte, daß es Hofbediente sein möchten, die ihn furchtsam machen wollten. Der Kurfürst befahl ihm darauf, niemanden etwas zu sagen, auch in der folgenden Nacht zu Hause zu bleiben. Statt seiner mußte aber der Büchsenspanner des Kurfürsten an der gedachten Stelle wachen und die Schweine körnen, und dieser hörte dieselbe Stimme. Am folgenden Tage ging nun die Jagd vor sich, und der Haidereuter mußte zu Hause bleiben. Als aber alles geendigt war, ritt er hinaus nach der Stelle, wo jetzt Bärens Kirchhof ist, und wurde wirklich unter den getöteten Sauen eines Stumpfschwanzes gewahr, den man eben im Begriff war, auf den Wagen zu laden. Da trat er hinzu und sagte: «Du sollst mir das Leben nehmen und bist eher tot als ich?» Hielt auch, als die Bauern beschäftigt waren, die andere Wagenleiter vorzuschieben, das Schwein während der Zeit, damit es nicht herunterfalle. Aber weiß der Himmel, wie es kam! Der Kopf des Schweines fiel plötzlich herunter und schlitzte dem Haidereuter mit seinen Hauern den Leib auf, so daß er nach wenigen Augenblicken, nachdem er sich noch einigemale vor Schmerz im Kreis herumgeschleppt hatte, seinen Geist aufgab.

Darauf hat man ihn angeblich an dieser Stelle begraben, und an jenem Punkte, wo er im letzten Todeskampfe niedergesunken, einen Stein gesetzt, so daß diese nun einen förmlichen Kreis bilden. Die Stelle aber heißt bis auf den heutigen Tag Bärens Kirchhof.

Mündliche Erzählung vor 1840 und Aufzeichnung aus dem 18. Jahrhundert aus Joachimsthal

Das Knäul ohne Ende

In der Nähe des Heidenkirchhofs beim Ewaldshügel, der unweit der Stadt Oderberg liegt, sammelte einst eine arme alte Frau im Spätherbst barfuß Holz und begegnete von ungefähr einem grauen Männlein mit großem Krempenhut, das die vor Frost Zitternde fragte, wo sie ihre Strümpfe hätte. Die Frau entschuldigte sich mit ihrer Armut, sie habe weder Strümpfe noch Garn dazu. Darauf gab ihr das Graumännlein ein kleines Knäuel mit der Mahnung, es sorgsam in ihrem Kasten vor aller Augen zu verbergen und niemals nach seinem Ende zu forschen, dann werde es mehr als ein Paar Strümpfe davon geben.

Lange Jahre strickte die Frau schon von ihrem Garnknäul. Nie war das Ende des Fadens erreicht. Aber schließlich siegte doch die Neugier. Der Kasten wurde geöffnet, aber da war auch der Faden mit einem Schlage zu Ende.

Ort: Oderberg

Mise-Pupise

Kam mo ens en Bua van de Schtat. As a up de Grenz va si Dörp kam, sat doa en ol Kat. Uet Schpoes secht he to äa: «Goden Nobent,

Das Knäul ohne Ende

Olsch!» De öwest antwoat em un secht: «Schön Dank! Wen du no Hues kümst, den grües ma di Kat von Mise-Pupise, de upt Grenz sat, un seg äa: Luetswig is doet».

As de Bua na Hues kümt, set he sich upt Müabank. Doa kümt si Kat an un schtrikelt sich an em. He öwast secht uet Schpoes to äa: «Olsch, ik sal di oek gröszen va Mise-Pupise, de upt Grenz sat, un se löt di seggen: Luetswig is doet». As de Kat dän Groes höat, maut se ganz vaneemlich uet äan Hals ruet: «Wat, Luetswig is doet? Un Mise-Pupise let mi dat seggen?»

As de Buer nu höat, dät si Kat oek reden kün, gloewt he, de Bösa schteckt in si Kat. He greep no en Schtok un säd: «I, wen du oek reden kast, den sast du doch ma seen!» Un doamet wul he äa ens vareiken. So öwast töewt nich so lang; glick schprunk se in de Hücht no en Schtuwensdöa-Drücka un moekt sich de Döa ganz alleen up un leep doavan. De Bua hat in Lewen nich werra wat va si Kat to seen krejen. Enna Lüed seggen, de Kat is utet Fensta, noch enna seggen, se is uten Schoasteen goen.

Mise-Pupise

Kam einstmals ein Bauer von der Stadt nach Hause. Als er zur Grenze seines Dorfes kam, saß da eine alte Katze. So aus Spaß sagte er zu ihr: «Guten Abend, Alte!» Die aber war nicht faul und antwortete ihm: «Schön Dank! Wenn du nach Hause kommst, dann grüß mal die Katze von Mise-Pupise, die auf der Grenze sitzt, dann sag ihr: Ludwig ist tot.

Als der Bauer nun nach Hause kommt, setzt er sich auf die Ofenbank, um zu verschnaufen. Da kommt seine Katze an und reibt sich an ihm. Da sagt er zu ihr: «Alte, ich soll dich schön grüßen von Mise-Pupise, die auf der Grenze sitzt, und sie läßt dir sagen: Ludwig ist tot!» Als die Katze den Gruß hört, miaut sie ganz vernehmlich aus dem Halse raus: «Was, Ludwig ist tot? Und Mise-Pupise läßt mir das sagen?»

Wie nun der Bauer hört, daß seine Katze auch reden kann, glaubt er, der Satan steckt in seiner Katze. Er greift sich einen Stock und ruft: «I, wenn du auch reden kannst, dann sollst du doch mal sehen!» Und damit will er ihr eins überziehen. Sie aber wartet nicht lange. Gleich sprang sie in die Höhe nach dem Türdrücker und macht sich die Tür ganz alleine auf und läuft davon. Der Bauer hat in seinem Leben nichts wieder von seiner Katze zu sehen bekommen. Andere Leute sagen, die Katze ist aus dem Fenster, noch einer sagt, sie ist aus dem Schornstein gesprungen.

Aufgezeichnete Erzählung durch Pastor Mauch aus Groß-Dölln

Die Linde auf dem Kirchhof zu Angermünde

An der Nordseite der Hauptkirche zu Angermünde befindet sich eine alte große Linde, die im Umfange unten am Stamm einundzwanzig Fuß hatte, und sonst ihren Wipfel hoch über das Kirchendach erhob, jetzt aber vom Blitz gespalten und von vielen Stürmen so mitgenommen ist, daß sie kaum noch dreißig Fuß Höhe hat.

Diese soll der Markgraf Johann I. gepflanzt haben, um auch von außen die Stelle des großen Schatzes zu bezeichnen, den er in einem an dieser Seite der Kirche befindlichen Gewölbe hatte einmauern lassen. Zum Hüter des Schatzes hatte er seinen getreuen Rat Johann von Buch eingesetzt, dem er befahl, den Schatz nur in der äußersten Not seinem Sohne, dem Markgrafen Otto mit dem Pfeile, auszuhändigen.

Die Linde auf dem Kirchhof zu Angermünde

Als diese Not nun eintrat, der Markgraf in einer Fehde mit dem Erzbischof von Magdeburg gefangen wurde und dieser ein Lösegeld von 2000 Mark Silber forderte, wurde der Schatz gehoben, um den Markgraf auszulösen. Der große Kasten, in dem das Geld aufbewahrt gewesen, befindet sich noch an seiner alten Stelle in dem Gewölbe der Kirche, wo man ihn auch sehen kann.

Mündliche Erzählung vor 1840 aus Angermünde

Der Böttcher bei den Unterirdischen

Das Kloster Chorin hat nicht immer an der Stelle gestanden, wo man noch jetzt die schöne Ruine sieht, sondern es hat ehemals in der Nähe des großen Parsteiner Sees auf dem Rosmarinberge gelegen. Warum es aber von dort fortgebracht, weiß man nicht.

Als nun das Kloster am Mariensee gebaut wurde, da haben sieben Baumeister lange Jahre daran gearbeitet, bis sie endlich das herrliche Werk vollendet sahen. Es war aber auch eine gar schwere Arbeit, indem sie auch noch einen weiten unterirdischen Gang nach dem Kloster zu Angermünde sowie einen von da nach Greiffenberg bauten. So hat es denn lange Zeit gestanden in seiner Pracht, bis es endlich mit allen Gebäuden, die darum und darin sind, auf ewige Zeiten verwünscht worden ist.

Von da an sind die Unterirdischen darin eingezogen, die kommen bald hier bald dort in ihrer grauen Kleidung und mit dreieckigem Hute zum Vorschein. Aber nicht jeder kann sie sehen, sondern nur Sonntagskinder und andere Begabte.

Einen Böttcher haben sie einmal zu sich hinuntergeholt, der hat ihnen neue Bänder um ihre Fässer legen müssen. In der Nacht hatte man ihn nämlich mehrere Male gerufen, er solle sich mit seinem Handwerkszeug zu der und der Stunde, an der und der Stelle einfinden. Als er dorthin kam, fand er ein kleines Männchen, das redete ihm freundlich zu, es würde ihm kein Leid's geschehen, er solle nur alles tun, was man von ihm verlange. Da hat ihm das Männchen denn die Augen verbunden und ihn mit hinuntergenommen. Soviel merkte der Böttcher nur, daß es einen langen Gang entlang ging. Als man nun am Ziele war und ihm die Binde abgenommen wurde, befand er sich in einem geräumigen Keller, in welchem eine Menge solcher kleinen Leute mit den verschiedensten Dingen beschäftigt waren, jedoch kein Wort sprachen. An den Wänden herum standen aber zwölf Fässer, an die mußte er nun neue Bänder legen. Dabei erhielt er die Erlaubnis, von jedem der zwölf Goldhaufen, die bei den Fässern lagen, einen Teil als Bezahlung mitzunehmen. Darauf wurde er so zurückgeführt, wie er hergekommen, und fand sich bald wieder an der Stelle, wohin ihn die Stimme gerufen, und daß alles Wirklichkeit gewesen, sah er an dem Schatz, den er bei sich hatte. Auch eine weiße Frau läßt sich öfters des Nachts in den Ruinen sehen mit einem großen Schlüsselbund an der Seite, weshalb die Leute sie auch die Utgebersche (Ausgeberin) nennen. Gewöhnlich trägt sie gelbe Pantoffeln. Einige sagen, jetzt kommt sie nicht mehr, sie sei verschwunden, weil ihr einmal einer, als er dies bemerkte, nachgerufen habe: «Kick, di ha ja gele Tüffeln an». Wie das Kloster verwünscht worden, da sind übrigens auch die Frösche in dem daneben gelegenen Mariensee verwünscht worden. Daher kommt es, daß, so viele es dort auch gibt, man doch nie ein Gequak von dort vernimmt. Andere behaupten freilich, das sei schon zur Zeit der alten Mönche geschehen. Da hätten die Frösche oft durch ihr Gequake die Andacht im Kloster gestört, so daß die frommen Brüder gebeten hätten, sie verstummen zu machen. Dies sei denn auch geschehen.

Wie dem auch sei, man hört in der Runde keinen Frosch, so viele es deren auch dort gibt.

Mündliche Erzählung um 1835 aus Brodowin

Auf dem Teufelsberg bei Oderberg

Da ist einmal ein Fischer aus Niederfinow auf dem Lieper See, als das Wasser noch bis an den Fuß der Berge reichte, abends vorübergefahren. Da hörte er vom Ufer eine seltsame Stimme rufen, und da der Fischer dachte, er könne vielleicht einem Verunglückten Hilfe bringen, ist er ganz nahe an das Ufer gefahren. Da sah er einen fremden Mann am Ufer stehen, der winkte ihn heran und sagte, er solle mit ihm gehen, er werde ihm eine Stelle zeigen, von wo er sich Geld holen könne, soviel er wolle. Jetzt erst merkte der Fischer, daß er am Fuße des Teufelsberges gelandet war, und wollte vor Angst beinahe umkehren. Aber er faßte sich doch ein Herz und ging mit dem Fremden mit.

Der führte ihn in eine Höhle, wo Fässer voll Gold standen. Davon solle er sich eines nehmen, sagte der Fremde zu dem Fischer und verschwand. Das ließ sich dieser nicht zweimal sagen. Er schleppte, obschon es viel Schweiß kostete, eine goldgefüllte Tonne in seinen Kahn und wollte schon abfahren, da dachte er bei sich: «Es ist doch jammerschade um die anderen Tonnen, nehm ich sie nicht, nimmt sie ein anderer, ist doch auch der Fremde nicht mehr da, also siehts doch niemand, und ich will mir ja auch nur eine Tonne noch holen. Und er lief in die Höhle zurück und holte sich noch ein Faß voll Gold. Als er aber zu seinem Kahn zurückkehrte, war er nicht wenig bestürzt, als er die erste Tonne vermißte.

Und alles Suchen half nichts, sie war und blieb verschwunden. Da dachte er wieder an die großen Vorräte und wollte die erste Tonne nicht so ohne weiteres preisgeben. Ging also noch einmal in die Höhle und holte das dritte Faß mit Gold. Als er aber wiederkam, da war auch das zweite Faß verschwunden. Nun kam ihm die Sache nicht mehr so recht geheuer vor, und er beeilte sich, von der unheimlichen Stelle fortzukommen, froh, daß er wenigstens ein Faß voll Gold sein Eigen nennen konnte. Kaum aber hatte er sich vom Land entfernt, da saß der Fremde vorn an der Spitze seines Kahnes. Nun fuhr der Fischer, so schnell er konnte, nach Hause. Und als er sich der Landungsstelle näherte, machte er eine schnelle Wendung, so daß die Spitze ins Wasser hinausragte, als wolle er gleich wieder abfahren. Da sagte der Fremde: «Sei froh, daß du mich nicht an Land gesetzt hast, sonst wärs dein Verderben gewesen. Aber deine Habgier muß bestraft werden, und so sollst du nur ein Faß mit Kupfer mit nach Hause nehmen, während in der ersten und zweiten Tonne echtes Gold und Silber gelegen. Und damit verschwand der unheimliche Geselle wieder. Als aber der Fischer zu Hause nach dem Inhalt des Fasses sah, da fand er, daß der Fremde recht gehabt, es war nichts als Kupfer drin.

Aufgezeichnete Erzählung nach 1850 aus Oderberg

Müller Pumpfuß

Der konnte mehr als Brot essen, sagten die Leute, hatte aber nirgends rechte Ruhe und wanderte gerne als Feierbursche herum. Da kommt er einmal zu einer Mühle, wo der Müller gerade nicht zu Hause ist, und spricht als Feierbursche um ein Frühstück an. Die Frau setzt ihm Butter und Brot hin, aber in der Ofenröhre hat sie einen knusprigen Braten für ihren Mann. Pumpfuß riecht den Braten und fragt, ob sie nicht noch etwas Fleisch habe. Die Frau aber verneint. Da geht Pumpfuß fort und sagt nicht einmal «Adieu» und «Dankeschön».

Mit einem Male hört die Frau über ihrem Schornstein etwas rasseln. Und als sie hinaufblickt, ist der Läuferstein über dem Schornstein und dreht sich wie doll. Da merkt sie, wer der Feierbursche gewesen, schickt ihm schnell den Jungen nach und läßt ihn höflich bitten, doch zurückzukommen. Sie hätte auch Braten für ihn. Pumpfuß ließ sich lange bitten, dann aber geht er zurück und frühstückt rechtschaffen. Schon während er frühstückt, ist der Läufer schon wieder an seinem Ort und alles in Ordnung.

Ein anderes Mal kam er an einer Windmühle vorüber und hört, daß eben scharf gemacht wird. Er geht hinauf, spricht den Handwerksgruß und fragt: «Ists erlaubt, scharf zu machen?» Und da man ihm antwortet: «Immerzu», so macht er sich daran. Er stellt sich an den Läufer und arbeitet los. Aber niemand bietet ihm etwas an, weder zu essen noch zu trinken. Endlich wird ihm die Zeit zu lang. Er steckt den Pikenstiel durch das Loch des Läufers, hebt ihn sich auf die Schulter und geht zum Wirtshaus. Dort setzt er den Stein nieder und frühstückt erst einmal richtig.

Es dauert nicht lange, da kommen Meister und Gesell und bitten ihn, doch nach der Mühle zu kommen. Nur langsam läßt er sich erbitten und nimmt den Stein wieder mit. Beim Müller aber gab es danach das Beste aus Küche und Keller.

Aufgezeichnete Erzählung um 1850 aus der Gegend um Prenzlau und Templin

Der dreibeinige Hase in Niederfinow

Eine arme Frau in Niederfinow hatte, ohne daß jemand wußte aus welchen Mitteln, einen Butterhandel angefangen. Die Leute von nah und fern kamen und kauften die schöne frische Butter. Oft schon hatten die Käufer gefragt: «Woher kommt die schöne Butter?» Und «Aus dem Keller von da unten», hatte die Frau geantwortet. So ist es lange Zeit gegangen.

Da hat der Nachtwächter einmal ein merkwürdiges Geräusch gehört, das aus dem Keller der Frau kam. Beherzt ist er näher gegangen, und wie er in das Kellerfenster hinein gesehen, da entdeckte er plötzlich einen großen Hasen mit drei Beinen, der stand vor dem Butterfaß und butterte emsig. Das ist dem Nachtwächter doch so in alle Glieder gefahren, daß er eilig davonstürmte. Am anderen Morgen wußten es alle Leute, und niemand kam mehr, die Butter zu kaufen. Die ist behext, meinten sie. Kurze Zeit danach ist die Frau gestorben, und als man sie aus dem Hause hinaustrug, ist auch der dreibeinige Hase durch den Schornstein auf und davon gegangen; ein richtiger «Kobold» oder «Drak», wie die alten Weiber sagten.

Aufgezeichnete Erzählung nach 1850 aus Niederfinow

Woher der Suckowsche Kammerherr das Zaubern gelernt

Der Kammerherr von Suckow hat seine Zauberkunst einer alten Bibel entnommen. Die soll noch bis auf den heutigen Tag im Schloß liegen und ist mit Ketten an den Tisch geschlossen, damit sie keiner stiehlt. Einige Hauptstücke hat er freilich vom Müller Pumpfuß gelernt. Das

Der dreibeinige Hase in Niederfinow

war ein Müller aus der Gramzower Gegend und einer der größten Tausendkünstler, die es je gegeben. Mit dem ist der Kammerherr einmal zusammengetroffen.

Er fuhr eines Abends spät nach Hause. Und wie er an einen Hohlweg kam, wollten die Pferde einfach nicht weiter und blieben vor einem dunklen Gegenstand stehen, der quer über dem Weg lag. Das war aber niemand anderes als Müller Pumpfuß. Der hatte sich dort hingelegt und tat, als höre und sehe er weder Wagen noch Pferde. Der Kutscher dachte bei sich, er hätte einen Betrunkenen vor sich, stieg ab vom Bock, um ihm auf die Beine zu helfen. Aber Pumpfuß rückte und rührte sich nicht und machte sich steif wie ein Baumstamm. Da wurde der alte Kammerherr zornig. Er befahl dem Kutscher, wieder aufzusteigen und über den Kerl zu fahren. Soviel aber der Kutscher auf seine Pferde lospeitschte, sie gingen nicht einen Schritt vorwärts, und der Wagen rührte sich nicht von der Stelle. Da merkte der Kammerherr, daß der Wagen wohl festgemacht sei, wie in einem alten Zauberstück. Er hieß den Kutscher noch einmal vom Bock steigen und den Kerl fragen, wer er eigentlich sei und was er wolle.

Als er nun hörte, daß es Pumpfuß war, sagte er: «Auf den habe ich lange gewartet», und hieß ihn, in seinen Wagen zusteigen und mit auf sein Schloß zu fahren, damit er von ihm alles lerne, was er wußte. Das tat denn auch Pumpfuß. Und so lernte der Kammerherr alles von ihm, was er wissen wollte. Als er glaubte, alles zu können, fragte er seinen Lehrmeister, ob er ihm auch alles, was er selbst wisse, gezeigt habe. Pumpfuß bejahte das. Da ließ der Kammerherr einen Henker holen. Der sollte ihm den Kopf abschlagen, damit kein anderer etwas ähnliches gelehrt bekommen könne. Als aber der Henker zuschlagen will und schon den Arm mit dem Beil gehoben hat, siehe, da bleibt ihm plötzlich Arm und Beil in der Luft stehen, und er war festgemacht. Da lachte Pumpfuß und sagte: «Dieses Kunststück habe ich noch für mich behalten», und ging ungefährdet seiner Wege. Da konnte der Kammerherr noch froh sein, so leicht davon gekommen zu sein.

Aufgezeichnete Erzählung um 1850 aus Prenzlau

Der Ritter von Uchtenhagen auf dem «Roten Land»

Die Markgrafen von Brandenburg und die Pommern-Herzöge lagen in langer Fehde miteinander. Da sollte nun bei Freienwalde an der Oder der Entscheidungskampf zwischen ihnen geführt werden. «Hie Brandenburg – Hie Stettin», so klang es hüben und drüben durch die grimmen Reiterscharen der in Eisen Gewappneten. Auf beiden Seiten führten der Markgraf und der Herzog selbst ihre Mannen. Da neigte sich der Sieg den Pommern zu und drängte die Märker zur Flucht. Der Pommern-Herzog ließ schon den Siegesruf ertönen, indes der Markgraf noch immer auf Hilfe hoffte.

Da kam sie, die Hilfe, aus des Waldes Dickicht hervor. Es war ein schwarzer Reiter, ganz in Stahl getan, der wild wie der leibhaftige Teufel auf die Feinde einstürmte, so daß sich mit einem Schlage der Sieg wandte. Ein jäher Schrecken ergriff die Pommern, denn sie glaubten, es sei da Höllen- und Gespensterspuk, was da hinter ihnen herjagte. Aber die Märker hielten den schwarzen Ritter für ihren Glücksbringer, folgten seinem Befehl und vernichteten das tapfere Pommernheer.

Alsbald hatte der Markgraf den schwarzen Reiter zu sich rufen lassen und bat ihn: «Öffne

Der Ritter von Uchtenhagen auf dem «Roten Land»

dein Visier, damit ich dich von Angesicht schaue und dir danken kann!» Der Fremde tat's, und da erkannte der Markgraf und alle Ritter ringsum, daß es der Edle von Jagow war, der damals als geächtet im Reich umherirrte, weil er einen Verwandten des Markgrafen, der ihn tödlich gekränkt, niedergestochen hatte.

Der Markgraf verharrte eine ganze Weile sinnend und ernst. Dann jedoch sagte er: «Der vor mir steht, heißt nicht Jagow, der solches an uns getan. Jagow ist längst tot. Der hier heißt fortan Uchtenhagen, und viel Land und Leute sollen sein Eigen werden.» Und so verlieh der Markgraf dem schwarzen Ritter den Namen «Ut dem Hagen», weil er auch so aus dem Busch hervorgebrochen war und die Feinde geschlagen.

Auf dem Schlachtfeld erbaute sich der von Uchtenhagen eine stolze Burg. Doch starb das Geschlecht bald aus, und der Blitz zerstörte die Burg. «Rotes Land» aber heißt noch heute jene Stätte bei Freienwalde, wo einst der heiße Kampf getobt.

Ort: Bad Freienwalde

Das Krönlein des Otternkönigs

Unter dem Otternstein am Neuendorfer Wege bei Oderberg soll der Otternkönig seinen Palast haben. Manche wollen den Otternkönig samt seiner goldenen Krone selbst gesehen haben. Das Krönlein könne man gewinnen, wenn zu heller Mittagssonne an gewissen Tagen ein schneeweißes Tuch beim Otternstein ausgebreitet werde, auf das der Schlangenkönig sein goldenes Krönlein legen müsse. Wer dann schnell zugreift und hurtig entspringen kann, bis die Neuendorfer Glocke schlägt, dem könnte es damit glücken.

Ein Ritter versuchte es, er saß schon mit dem Tuch und dem Krönlein wieder zu Pferde, als der Otternkönig den Raub gewahrte und laut klagend pfiff, worauf von allen Seiten Ottern wütend herbeizischten, die das Pferd und den Reiter so arg bedrängten, daß der Ritter das Krönlein fahren lassen mußte.

Der Ritter ist darauf in Siechtum verfallen und bald gestorben.

Aufgezeichnete Erzählung um 1900 aus Oderberg

Der schlafende Schuster im Reitweiner Schloßberg

Als einst an einem schwülen Sommertage ein Schuster von der Messe in Frankfurt an der Oder heimkehrte und in der Nähe des Reitweiner Schloßberges sich gelagert hatte, vernahm er plötzlich eine wundersame Musik.

Ein reich gekleideter Diener trat an ihn heran und lud ihn aufs Schloß ein, dessen Ruinen auf dem Berge standen. Der Schuster kam mit, wurde reichlich mit Speise und Trank erquickt und schlief dann ein. Als er aufwachte, saß er wieder auf seinem Ausgangspunkt. Gedankenverloren trat er seinen Heimweg an. Zu Hause kam ihm alles fremd vor. Niemand kannte den Fremdling mehr, keine Spur seiner Familie war mehr zu entdecken.

Er hatte hundert Jahre verschlafen.

Aufgezeichnete Erzählung nach 1840 aus Reitwein

Die Strafe zweier Betrüger

Wo jetzt bei dem Dorfe Altlewin Windmühlen stehen, so sollen auch schon vor Jahrhunderten dort welche gewesen sein. Der dama-

Der schlafende Schuster im Reitweiner Schloßberg

lige Müller suchte seine Mahlgäste nämlich auf alle Weise zu betrügen. Von einem Scheffel Korn bekam man nur die Hälfte zurück und dazu noch von schlechterer Sorte, und um das Mehl gehörig schwer zu machen, wurden Ziegelsteine dazwischen gemahlen.

Der Müller, der durch seine Unredlichkeit immer reicher geworden war, besaß auch einen großen Acker, der an die Besitzungen eines Altlewiner Bauern grenzte. Der Bauer war auch ein Mahlgast des Müllers, betrog aber ebenso sehr wie der Müller. Er rückte nämlich alljährlich seine Grenzsteine weiter auf den Acker des Müllers und erlangte auf diese Weise nach und nach ein bedeutendes Stück Land.

Obgleich beide Nachbarn reiche Leute waren, so konnten sie sich doch des unrechtmäßig genommenen Gutes nicht lange erfreuen und starben beide am selben Tage und in derselben Stunde, der Müller fünfundvierzig, der Bauer fünfundfünfzig Jahre alt. Sie hatten aber auch im Grabe keine Ruhe. Der böse Geist umschlang sie beide mit einer eisernen Kette, so daß sie mit ihren Rücken zusammenlagen und ihre Arme kreuzweise auf der Brust gebunden waren. Dazu kam noch, daß sie beide unsichtbar gemacht worden waren.

Sobald sich der Müller fortbewegte, hatte er den Bauern mitzuschleppen, und beabsichtigte der Bauer dasselbe, so mußte er den Müller auf dem Rücken mit sich tragen, wobei es beiden an Schmerzen vom Druck der schweren Kette nicht fehlte. Oft ertönte bei der Mühle nachts eine Stimme: «O weh! Ich habe meine Mahlgäste um Mehl betrogen. O weh, o weh!» Aber niemand sah etwas. So trieben auch einst die Zusammengeketteten nachts gegen zwölf Uhr ihr Unwesen auf dem Acker des Bauern, als ein betrunkener Schreiber einhergewandert kam. Er hörte den Bauern, der sonst niemals gesprochen hatte, laut und ängstlich rufen: «O weh! O weh! Ich habe den Müller mit dem Acker betrogen!» Der Schreiber aber antwortete ihm in seiner Trunkenheit: «Dummkopf, bringe doch die Grenzsteine wieder auf die richtige Stelle», und stolpere weiter. Der Bauer machte sich wirklich eilends an die Arbeit, und – kaum war der letzte Stein an seinem Orte –, so zersprang die eiserne Kette mit furchtbarem Gerassel, und die beiden Sünder waren befreit. Es war gerade Punkt zwölf Uhr. Da riefen der Bauer und der Müller zugleich: «Gottlob! Nun sind wir beide auseinander.» Der Müller aber stürzte sich in ein Mauseloch und der Bauer in einen Dunghaufen. Seit dieser Zeit scheinen die Seelen beider Ruhe gefunden zu haben, denn man hat nie wieder des Nachts bei Altlewin Klagerufe von ihnen vernommen.

Aufgezeichnete Erzählung durch Lehrer Julius Rubehn um 1860 aus Altreetz über Altlewin

Die goldene Hirschkuh

Einst kam auf dem Oderdamm bei Kienitz eine goldene Hirschkuh angetrollt, und als dies die Bauern und Fischer bemerkten, machten sie sich eilig hinterher, holten sie bald nach Neuendorf hin ein und hielten sie fest. Als man aber das kostbare Tier nach Kienitz zurückbringen wollte, sträubte es sich sehr, so daß einer sagte, man solle es doch mit einem Strick binden und es dann nach Hause tragen. Der Rat leuchtete allen ein. Als man jedoch nach dem Strick suchte, hatte niemand einen bei sich.

Man ratschlagte nun hin und her, wie man wohl am leichtesten zu dem Strick kommen könnte, vergaß indessen dabei die Hirschkuh festzuhalten, und sie entschlüpfte den darob erstaunten Bauern. Mißgestimmt kam die Gesell-

Die goldene Hirschkuh

schaft in Kienitz an. Der Schulze aber als der Klügste im Dorfe schickte des anderen Tages den Knüppel, einen Stock, an dem sich ein Zettel befindet, mit dem Befehl des Dorfschulzen herum, die Gemeinde möge sich im Schulzenamt versammeln.

Hier hielt er eine harte Strafpredigt, daß man das Glück des Dorfes verscherzt hätte, und endigte seine Rede damit: «Jeder Bauer, Fischer oder sonstiger Eigentümer von Kienitz hat von heute ab stets einen Strick um den Leib zu tragen, damit dieser im Falle der Not sogleich bei der Hand ist, und übrigens sind ein Strick und ein Käsebrot zwei Dinge, die jeder Kienitzer bei sich führen muß, denn damit kommt er durch die ganze Welt.»

Seit der Zeit heißen die Kienitzer im ganzen Oderbruch die Strickbauern.

Aufgezeichnete Erzählung von Lehrer Julius Rubehn vor 1860 aus Altreetz über Kienitz

Der Fuchs lernt fliegen

Einst hatte der Fuchs auch wollen fliegen lernen. Denn es hat ihm doch gar zu schön gedeucht, so durch die Luft zu schweben und sich die Welt von oben herab zu besehen. Der Hauptgrund aber ist für ihn gewesen, auch in der Luft rauben zu können. Er hatte ja erst kurz zuvor sehen müssen, wie ein Gänserich mit einer ganzen Tracht Gänse über ihn wegflog und ihn dabei zum besten hatte.

Es hat ihn nur keiner das Fliegen lehren wollen. Endlich hat sich der Knäppenär, der Storch von Altreetz, dazu bereit gefunden. Der hat ihm gezeigt, wie er es machen solle, und nahm ihn schließlich mit hinauf in die Luft. Ganz hoch oben läßt er ihn los, er solle nun allein fliegen! Der Fuchs kann aber nicht und fällt ohne Anhalten geradewegs herab auf die Erde. Der Knäppenär schreit ihm immer nach: «Bruder Fuchs, immer schräg, immer schräg!» Aber das Lenken wollte nicht gehen. Der Fuchs pardauzt gründlich auf die Erde nieder, kommt aber lebend davon. Auf die Frage des Storches, wie ihm das Fliegen gefallen habe, meinte er: «Das Fliegen ginge schon, aber das Setzen, das Setzen!» Er hat es auch nicht zum zweiten Male versucht.

Aufgezeichnete Erzählung durch Lehrer Julius Rubehn um 1860 aus Altreetz

De dri Fulen

Es woar een Kenich, de hadde dri Junges, un doa jaf et keenen Unterschid, eenen hadde he so jerne as'n annern. Awerst he kratzte sich'n Kopp, wil he ne wußte, wer sich up sinen Stuhl noa sinen Dode setten sulle.

As nu sine Stunde koam, let he se an sin Bedde treden un säde: «Jungs, ik hebbe mi wat beschloapen, det will ik ju vertellen. Weten ji wat: De Fulste van ju sall den Thron hebben!» Doa säde de Aelste: «Voader, denn bin ik dran! Ik bin so ful, wenn ik in't Bedde ligge un een Droppe will mi in de Oogen fallen, denn moak ik se nu tu, det ik man bloß schloapen künne». De zweete drängelte sich vör un meende: «Voader, ik mutt den Thron hebben. Denn weten ji, wie ful as ik bin? Wenn ik an'n Kamin sitte, um mi uptowärmen, denn loat ik mi liber de Hacken verbrennen, as det ik de Poten turügge nemen due.»

Nu koam de dridde an de Rihe. «Voader», so säde he, «mi mueten ji tum Kenich moaken; denn äwer mine Fulheit jeht nischt. Wenn mi Meester Hans bi't Schlafittjen hedde un ik all'n Strick ümme'n Hals spürde, forts däde ik den Kärel türügge stotten, wenn he mi amende een

Der Fuchs lernt fliegen

Metz jewen wulle, det ik'n Strick dörchschniden künne. Ik wulle ehr dörch 'n Hanf schpringen, as een Finger noa't Metz krumm moaken.»

As det de Kenich vernoam, woar he ut alle Verlejenhet: «Ju hest de annern utjestoaken, du sollst den Thron hebben!»

Ort: Niederjesar

Die drei Faulen

Es war einmal ein König, der hatte drei Söhne, und da gab es keinen Unterschied zwischen ihnen. Den einen hatte er so gerne wie den anderen. Aber, und dabei kratzte er sich den Kopf, er wußte nicht, wer sich nach seinem Tode auf seinen Thron setzen sollte. Als nun seine Stunde kam, läßt er sie alle an sein Bett treten und sagte: «Jungens, ich habe mir was beschlafen. Das will ich euch nun erzählen. Wißt ihr was? Der Faulste von euch soll den Thron haben!»

Da sagte der Älteste: «Vater, dann bin ich dran! Ich bin so faul, daß, wenn ich im Bett liege und ein Tropfen will mir in die Augen fallen, ich sie nicht zumache, damit ich bloß schlafen kann.»

Der zweite drängelte sich vor und meinte: «Vater, ich muß den Thron haben. Ihr wißt ja nicht, wie faul ich bin. Wenn ich am Kamin sitze, um mich aufzuwärmen, dann laß ich mir lieber die Hacken verbrennen, als daß ich die Füße zurücknehme.»

Nun kam der dritte an die Reihe. «Vater», so sagte er, «mich müßt Ihr zum König machen, denn über meine Faulheit geht nichts. Wenn mich Meister Hans, der Scharfrichter, beim Schlafittchen hätte und ich den Strick um den Hals spürte, würde ich den Kerl zurückstoßen, der mir ein Messer gäbe, damit ich den Strick durchschneiden könnte. Ich wollte eher durch den Strick springen, als einen Finger nach dem Messer ausstrecken.»

Als das der König vernahm, war er aus aller Verlegenheit. «Du hast die anderen ausgestochen, du sollst den Thron haben.»

Ort: Niederjesar

Die Riesen von Guben

Vor Zeiten brachte die fruchtbare Erde noch ungeheure Wesen hervor. Die einen davon waren die Riesen. Das waren hochmütige Wesen, die mit ihrer Stärke prahlten und den Menschen feindlich waren. Sie fingen und fraßen sie. Und waren sie dann satt, so spielten sie mit herumliegenden schweren Steinblöcken und warfen sie sich zu wie kleine Kinder ihre Bälle. Während der Sintflut ragten sie um Kopfeslänge aus dem Wasser, fraßen Fische und kamen allein lebendig aus dieser Not.

Da wurden sie noch hochmütiger und meinten, der liebe Gott hätte keine Gewalt über sie. Der aber schickte seinen Erzengel Gabriel, um sie zu strafen. Gabriel tötete alle mit seinem Speer bis auf einen, der einen großen Zauber besaß. Den schlug Gott selbst mit Donnerkeilen nieder, wälzte sein Haupt auf die Landeskrone und auf seinen Leib steiniges Land von Guben bis Görlitz.

Der Riese liegt noch heute lebendig da und kann nicht sterben. Wenn er ruckt, verursacht er Krankheiten, Überschwemmungen und andere Schrecknisse. Nur Feuer hat er schon lange nicht mehr gespien. Damals konnten die Wölfe noch sprechen. Sie kamen hervor und fraßen die toten Riesen auf. So gewöhnten sie sich an Menschenfleisch und stellten ihnen seitdem nach.

Die Riesen von Guben

Die Menschen aber machten Feuer, bauten Häuser und kleideten sich. Sie wurden kräftiger und geschickter, und ihr Wohlstand wuchs. Da wählten sie den Stärksten und Weisesten unter sich zum Vorsteher, der Recht sprach. Das hat er auch lange Zeit getan, bis er eines Tages keine Lust mehr dazu hatte, sein Amt hinwarf und sagte, es solle machen, wer da Lust hat. Da wählten die Leute einen König und meinten, der wäre klüger.

Ein altes Sprichwort sagt, daß die Gubener überall dabeigewesen sind. So haben sie auch dem Lieben Gott geraten, dem Pferd einen vollen Huf zu geben, damit er nicht latsche wie ein Ochse. Nur dem von Guben bis Görlitz begrabenen Riesen haben sie noch nichts anhaben können, bis eines Tages einer kommt, der mehr als Brot essen kann. Auf den warten die Gubener.

Ort: Guben

Die unbarmherzige Edelfrau

Eine schlechte Ernte und eine große Mäuseplage hatte den Bauern sehr geschadet. Nur eine alleinstehende Edelfrau hatte eine außerordentliche Ernte eingebracht. Als nun die Teuerung einsetzte, verkaufte sie ihr Korn für viel Geld.

Eines Tages kam auch eine arme Witwe zu ihr, die zu Hause sechs kleine Kinder zu versorgen hatte. Sie wollte einen Scheffel Korn kaufen und hatte dazu allen entbehrlichen Hausrat veräußert, damit die Ihrigen nicht den Hungertod starben. Als sie nun das Geld aufzählte, fehlte ein Groschen an dem ausgemachten Preis. Sie bat die reiche Edelfrau, ihr den Groschen doch zu stunden. Aber die Frau blieb unerbittlich, und die Witwe durfte das Korn nicht mitnehmen. In ihrer Not ging die Frau zu ihrem Nachbarn, der ihr den Groschen borgte. Sie ging nun wieder zu der Edelfrau und wollte ihr den Groschen geben. Der entglitt aber ihren Händen und fiel zur Erde. Als sich die hartherzige und geizige Edelfrau danach bücken wollte, verwandelte sich der rollende Groschen plötzlich in eine giftige Natter, die zischend auf sie zu kam und in die Hand biß. Sofort schwoll die Hand an, und schon nach ein paar Stunden war die Unbarmherzige eine Leiche.

Ort: Oderbruch

Der Bud

Eine Frau in Alt-Döbern versprach einem Bud einen Dreier und ließ sich von ihm führen. Schließlich aber gab sie ihm nichts. Da führte er sie irre. Wie sie dann endlich doch nach Hause kam, reichte sie ihm auf einem Stückchen Holz einen Dreier durch das Fenster hinaus. Soweit das Holz aus dem Fenster gereicht wurde, war es verbrannt. Alle Abende kam der Bud wieder, wartete draußen vor dem Hause, wollte sie führen und seinen Dreier haben.

Aufgezeichnete Erzählung vor 1880 aus Alt-Döbern

Der Wechselgroschen

Zum Schmied in Krebsjauche (Wiesenau) kam eines Tages ein altes Weib und bestellte einen Feuerstahl. Als sie ihn abholte, gab sie dem Schmied einen Groschen. Der Schmied gab ihn am selben Tage wohl noch dreimal aus, aber er fand ihn immer wieder in seiner Tasche, einen Wechselgroschen. Man sagt jedoch, wenn man Stahl dafür eintauscht, dann steht er still,

Der Bud

kehrt er nicht mehr zu seinem Besitzer zurück. Am nächsten Tag kam die Frau und bat um Rückgabe dieses Groschens und gab den Stahl zurück. Der Meister war gutwillig und gab den Groschen wieder hin. Er hätte ihn aber behalten können, wenn er nicht auch den gefertigten Feuerstahl zurückgenommen hätte.

Mündliche Erzählung von Frau Wolf aus Fünfeichen über Wiesenau

Der Jedute

In Zechin weiß man durch mündlich erhaltene Benachrichtigung, daß man vorzeiten hier im Bruche einen Abgott, den sie Jedute nannten, wie einen großen Roland aufgerichtet, den man sein Glück und gute Nahrung zugeschrieben, der aber zur Zeit der Kirchenverbesserung, im 16. Jahrhundert, umgeworfen und verbrannt worden. Gewiß ist, daß in Wriezen ein Jedute gewesen und verehrt worden, daher ist etlicher Meinung, daß Jedutha ein steinernes Bildnis gewesen, das vor dem hiesigen Hospitaltore, den Berlinischen Weg hinan, zur rechten Hand ungefähr dreihundert Schritt von dem Tore ab, in einem steinernen Schwibbogen gestanden, des Schwibbogens Fundament um 1690 noch zu sehen gewesen und auch nicht weit davon fünfzehn Jahre früher heidnische Urnen gefunden.

Dieses Bild ist von den Vorbeireisenden um Hilfe angerufen und sonsten verehrt worden. Der Weg, an welchem es gestanden, ist sehr sandig und etwas hoch, dabei manch Pferd von den Fahrenden zu Tode getrieben, daher auch dann noch gewisse Vorspänne, der den beladenen Wagen bis an das Dorf Lüdersdorf um ein paar Groschen vorhangen müssen, sind gehalten worden. Desgleichen haben ihn die Brücher um Beschützung ihres Viehs und reichen Fischfang, das bloß ihre Nahrung gewesen, angerufen.

In den Kriegszeiten, Dreißigjähriger Krieg, haben diesen Jedute die Brücher genommen, und soll selbiger nach Altlewin gebracht worden sein, da auch alte Leute noch wissen, daß ein Fundament von einem Schwibbogen von Stein zwischen Lewin und Trebbin vorhanden gewesen, auch eine alte Frau, Jesus Anna genannt, noch immer an dem Orte, morgens und abends hingegangen, kniend ihr Gebet allda verrichtet. Später sollen die Brücher nach ihrer Erleuchtung selbigen Jedute in das Wasser versenkt haben. Noch heute dato 1707 ist ein Sprichwort in Gebrauch:

«Cater über den Jeduth,
den Betrüber äwer den Jeduth,
Jesus äwer den Bedröwener.»

Aufgezeichnete Erzählung durch Professor Johann Christoph Beckmann aus Frankfurt (Oder) Ende des 17. Jahrhunderts über Zechin, Wriezen und Altlewin.

Kegelschiebende Geister in der Wenzelsburg

Bauern aus Streichwitz, die in der Nacht auf den Wiesen bei Neuzelle für das Kloster Pferde hüteten, sahen nach elf Uhr in der Nacht auf der Wenzelsburg Licht. Einer, ein gewisser Urban, ging nachsehen und fand Männer, die dort Kegel schoben. Er fragte, ob er mitschieben dürfe. Sie gestatteten es ihm. Als sie ihm aber die erste Kugel übergaben, schlug es auf dem Turm zu Neuzelle zwölf. Beim ersten Glockenschlag waren die Männer verschwunden, und der Bauer hatte die Kugel in der Hand. Er ging mit seiner Kugel fort, nahm sie mit nach Hause und warf sie unter das Bett. Um zwei Uhr nachts wachte er auf, da leuchtete die ganze Stube. Er stand auf und fand, daß die Kugel den hellen Schein verbreite. Als er sie am anderen Morgen unter dem Bett hervorsuchte und sie

Kegelschiebende Geister in der Wenzelsburg

den Kindern zum Spielen geben wollte, sah er, daß sie von Gold war. Hundert Jahre hat die Familie durch drei aufeinanderfolgende Glieder in Wohlstand gelebt. Aber der vierte Besitzer ist durch eigene Mißwirtschaft vollständig verarmt und in einem Stall gestorben. Da man ihn begrub und nach Wellmitz fuhr, wurden, als man die alte Poststraße Guben – Frankfurt kreuzte, die Pferde scheu und liefen nach der Wenzelsburg zu.

Aufgezeichnete Erzählung eines Bauern aus Streichwitz durch die Lehrer Gander und Schulz

Die blaue Blume

Vor vielen Jahren hütete einmal ein Schäfer seine Herde nahe dem Koschenberg bei Calau. Da sah er am Fuße des Berges im Gras eine wunderschöne blaue Blume blühen, wie er sie noch nie gesehen. Er pflückte sie und steckte sie sich an den Hut.

Kaum hatte er das getan, da krachte es laut, und der Berg tat sich vor ihm auf. Der Schäfer war erschrocken, faßte jedoch Mut und ging hinein. Da fand er einen weiten, prächtigen Saal mit langen Tafeln. An denen saßen ehrwürdige Männer in kostbarer Kleidung, wie sie vor Hunderten Jahren Mode. Einer stand auf, winkte ihm und wies auf die großen Gefäße rings an den Wänden. Die waren bis zum Rande mit Gold gefüllt. Davon konnte er sich soviel nehmen, wie er tragen konnte. Der Schäfer besann sich nicht lange und füllte seine Taschen. Zum Dank verneigte er sich, und da ihm dabei sein Hut im Wege war, legte er ihn beiseite. Da rief eine laute Stimme: «Vergiß dein Bestes nicht»! Der Schäfer glaubte, es sei das Gold gemeint, und er füllte sich abermals seine Taschen, wandte sich um und wollte gehen. Da rief die Stimme erneut: «Vergiß dein Bestes nicht»! Nochmals griff er zu und ging dann dem Ausgange zu. Da hörte er die Stimme zum dritten Mal rufen, konnte sich aber nichts mehr einstekken, da alles voll war, und verließ den Berg wieder. Ein lautes Krachen ertönte hinter ihm. Der Berg hatte sich wieder geschlossen. Da fiel ihm die blaue Blume ein, die er mit seinem Hut vergessen. Jetzt verstand er die mahnende Stimme. Die blaue Blume hätte ihm wohl noch öfters den Berg geöffnet. Nun war sie für immer verloren, denn sie blüht nur alle hundert Jahre einmal.

Ort: Calau

Wie Schulze Hoppe das Wetter gemacht

Es war einmal ein Schulze, der hieß Hoppe; im Oderbruch soll es gewesen sein. Dem konnte es der Liebe Gott nie recht machen mit dem Wetter. Bald war es ihm zu trocken, bald regnete es zu viel. Da sagte der Liebe Gott endlich: «Im nächsten Jahr sollst du selbst das Wetter machen!»

So geschah es denn auch. Unser Schulze Hoppe ließ nun abwechselnd regnen und die Sonne scheinen. Das Getreide wuchs, daß es nur so eine Freude war. Als es nun aber zur Ernte kam, siehe, da waren alle Ähren taub. Schulze Hoppe hatte den Wind vergessen, und der muß doch wehen, wenn das Getreide sich ordentlich besamen und Frucht tragen soll.

Seit der Zeit hat Schulze Hoppe nicht mehr über das Wetter gesprochen und ist zufrieden gewesen, wie es unser Herrgott gemacht hat.

Aufgezeichnete Erzählung durch Lehrer Julius Rubehn um 1860 aus Altreetz

Nachwort

Die vorliegende Sagenauswahl will in einem repräsentativen Querschnitt das Erzählgut der Mark Brandenburg vorstellen. Der interessierte Leser erhält Einblick in diesen Bereich der Volksprosa, und ihm wird die darin widergespiegelte historische Mentalität bewußt.

Die Gliederung der Sagen erfolgte nach territorialen Gesichtspunkten in Anlehnung an die traditionelle Bezeichnung der märkischen Landschaften. Die einfachen Menschen auf dem Lande und in der Stadt pflegten diese Form der Literatur, entsprechend ihrem Bildungsstand, zumeist mündlich und gaben darin die Ereignisse des Alltags wider. In den Sagen werden die Ergebnisse der künstlerischen und historischen Vorstellungen des Volkes abgebildet. So geben sie Zeugnis sowohl vom gesellschaftlichen Standpunkt des individuellen Schöpfers der Sage als auch von dem die Sagen ständig umformenden Erzähler und Zuhörer.

In der Zeit der Entstehung der Sagen wurde der geistige Horizont der arbeitenden Menschen von der imaginären Welt des Glaubens begrenzt, mit dessen Hilfe sie das Unfaßbare im Leben zu erkennen und zu bewältigen gedachten.

Die Sage ist eine Erzählung, die eine herausragende Episode gestalterisch verdichtet und sie glaubwürdig macht durch die Aufnahme von Handlungen und Erlebnissen aus dem realen historisch-gesellschaftlichen Bereich, durch konkrete Hinweise auf Ort, Zeit und Personen. Es wird eine Deutung von «Welterfahrung» versucht. Das Übersinnliche wird als erlebter Einbruch des Schreckhaften ausgeformt, es kann sogar den Inhalt der Sage selbst bilden in der Form der Erzählung eines persönlichen Erlebnisses, eines beklemmenden und faszinierenden Ereignisses, das als «übernatürlich» erklärt wird.

Aus der engen Verflechtung der Lebenswelt des Erzählers mit der seines Publikums resultiert die Anziehungskraft der Sage. Die ursprüngliche Kürze, die Kargheit ihres Ausdrucks, regionale Einschübe und die Einbeziehung umgangssprachlicher Elemente sollten eigentlich eine leichte Entschlüsselung ermöglichen. Aber die komplizierte Vielfalt des hier ausgebreiteten Inhalts steht dem entgegen.

Mit der Sage verwandt ist das Märchen, das aber in der Aussage entgegengesetzt ist. Wohl teilt das Märchen mit der Sage Gestalten, Motive und Gegenstände, aber die Sage will für wahr gehalten werden, in ihr wird Vergeltung geübt, sie ist an einen Ort, an ein Geschehen oder Erlebnis gebunden. Sagen dürften kaum zum Nachweis historischer Ereignisse dienen – selbst wenn sie reale geschichtliche Elemente verwenden. Wer die Widerspiegelung gesellschaftlicher Verhältnisse zu finden sucht, wird enttäuscht: Wohl vertreten die Sagen ein rigoroses Vergeltungsrecht, das notfalls sogar durch eine überirdische Instanz ausgeübt wird, dennoch bleibt das jeweilige gesellschaftliche Grundgefüge davon unberührt. Wirkungen werden nur registriert, und zwar als Vorfälle individueller Verfehlungen, als Kritik an der persönlichen Übertretung ungeschriebener Normen. Die Norm selbst wird nicht in Frage gestellt. Dadurch verengt sich der Handlungsspielraum des Individuums zugunsten der Handlung einer Gruppe. Gleichzeitig verdeutlicht sich darin aber auch der enge geistige und physische Spielraum des bäuerlichen und des handwerklichen Daseins, das sich nur zwischen Arbeit und religiöser Bindung bewegt.

Das historische Gedächtnis des Volkes ist außerordentlich kurz. Meist finden nur Kriegszeiten und Seuchen als prägende Ereignisse in den Sagen ihren Niederschlag. Dabei werden reale historische Fakten, Orte und Personen ausgewechselt oder mit anderen zusammengewürfelt. Es entsteht so der Prototyp einer Sage um ein Thema, das in vielen Gegenden der Welt ähnlich ist.

Die «Schönsten Sagen aus der Mark Brandenburg» stellen eine Auswahl dar. Ich habe zurückgegriffen auf das Werk der verdienstvollen Sammler des 19. Jahrhunderts, die noch selbst vor Ort den Sagenschatz bargen und Feldforschung betrieben – Adalbert Kuhn (1843), Wilhelm Schwartz (1848), August Engelien und Wilhelm Lahn (1868), Willibald von Schulenburg (1882), Karl Gander (1896) und Rudolf Schmidt (1909). Ihre Veröffentlichungen dienten vielen nachfolgenden Herausgebern als Quelle. Die Mehrzahl dieser Bücher ist dem interessierten Leser nur über wissenschaftliche Bibliotheken zugänglich. Einbezogen habe ich teilweise aber auch die Ergebnisse der fleißigen Sammler, die seit 1945 bis heute in lokalen Heimatschriften durch Befragungen weitere Sagen zusammengetragen haben.

Der Herausgeber hat sich erlaubt, wo es notwendig ist, den ursprünglichen Kern einer Sage herauszuschälen. Es ist aber die Ausnahme und in der Absicht geschehen, die authentische Form der Sage wiederherzustellen und damit den Eindruck von der Vorstellungswelt und die Denkweise der Vorfahren, der Menschen unserer unmittelbaren Heimat plastischer werden zu lassen.

Der Grafiker und Maler Gerhard Goßmann schuf dazu phantasiereiche skurrile, den Kern der Sagen ausdeutende Zeichnungen. Sie sollen der Sagensammlung ihr unverwechselbares äußeres Gepräge geben.

Joachim Winkler
Frankfurt (Oder), Dezember 1992

Quellenhinweise

Die Lutchen und der Bauer auf der Hochzeit, Paul, Richard, Sagen und Geschichten des Kreises Beeskow-Storkow, 2. verm. Aufl., Beeskow 1925, S. 60/61.

Das Irrlicht und der Groschen, Paul, Richard, Sagen und Geschichten des Kreises Beeskow-Storkow, 2. verm. Aufl., Beeskow 1925, S. 5.

Die Räuber auf dem Spinnfest, Paul, Richard, Sagen und Geschichten des Kreises Beeskow-Storkow, 2. verm. Aufl., Beeskow 1925, S. 39/40.

Der Nyks am Schloßberg, von Schulenburg, Willibald, Wendische Volkssagen und Gebräuche aus dem Spreewald, 2. verb. Aufl., Cottbus 1930, S. 71.

Die weiße Brücke, Paul, Richard, Sagen und Geschichten des Kreises Beeskow-Storkow, 2. verm. Aufl., Beeskow 1925, S. 6.

Der Zwerg und der Erbsenbauer, Paul, Richard, Sagen und Geschichten des Kreises Beeskow-Storkow, 2. verm. Aufl., Beeskow 1925, S. 19/20.

Die Pschesponiza, von Schulenburg, Willibald, Wendische Volkssagen und Gebräuche aus dem Spreewald, 2. verb. Aufl., Cottbus 1930, S. 54.

Der Wendenkönig auf dem weißen Rosse, Kunzendorf, Paul, Sagen der Provinz Brandenburg, Cottbus (1940), S. 192.

Der Teufel und der geldgierige Müller, von Schulenburg, Willibald, Wendische Volkssagen und Gebräuche aus dem Spreewald, 2. verb. Aufl., Cottbus 1930, S. 103/104.

Der Teufel und der Schmied, von Schulenburg, Willibald, Wendische Volkssagen und Gebräuche aus dem Spreewald, 2. verb. Aufl., Cottbus 1930, S. 102.

Die Mittagsfrau, Paul, Richard, Sagen und Geschichten des Kreises Beeskow-Storkow, 2. verm. Aufl., Beeskow 1925, S. 9.

Der Wichar am Heuschober, von Schulenburg, Willibald, Wendische Volkssagen und Gebräuche aus dem Spreewald, 2. verb. Aufl., Cottbus 1930, S. 56.

Der Nachtjäger, von Schulenburg, Willibald, Wendische Volkssagen und Gebräuche aus dem Spreewald, 2. verb. Aufl., Cottbus 1930, S. 76.

Der Bettelmann, von Schulenburg, Willibald, Wendische Volkssagen und Gebräuche aus dem Spreewald, 2. verb. Aufl., Cottbus 1930, S. 40.

Der Kobold auf der Mühle, Schwartz, Wilhelm, Sagen und Geschichten der Mark Brandenburg, 3. verm. Aufl., Berlin (1895), S. 77–79.

Die zerbrochene Schütze, Kuhn Adalbert, Märkische Sagen und Märchen nebst einem Anhang von Gebräuchen und Aberglauben, Berlin 1937, S. 70–72.

Die Kindbetterin im Gohlitzsee, Kuhn Adalbert, Märkische Sagen und Märchen nebst einem Anhang von Gebräuchen und Aberglauben, Berlin 1937, S. 82/83.

Der Schlangenkönig in Lübbenau, von Schulenburg, Willibald, Wen-

dische Volkssagen und Gebräuche aus dem Spreewald, 2. verb. Aufl., Cottbus 1930, S. 58.
Der Plon, von Schulenburg, Willibald, Wendische Volkssagen und Gebräuche aus dem Spreewald, 2. verb. Aufl., Cottbus 1930, S. 62.
Das Irrlicht zu Ferchesar, Schwartz, Wilhelm, Sagen und alte Geschichten der Mark Brandenburg, 3. verm. Aufl., Berlin (1895), S. 50/51.
Der weissagende Schwan (in nieder- und hochdeutsch), Kuhn Adalbert, Märkische Sagen und Märchen nebst einem Anhang von Gebräuchen und Aberglauben, Berlin 1937, S. 67/68.
Die Butterhexe, Schwartz, Wilhelm, Sagen und alte Geschichten der Mark Brandenburg, 3. verm. Aufl., Berlin (1895), S. 56/57.
Der Schmied zu Jüterbog, Kuhn Adalbert, Märkische Sagen und Märchen nebst einem Anhang von Gebräuchen und Aberglauben, Berlin 1937, S. 89/90.
Der Kobold von Ferch, Kuhn Adalbert, Märkische Sagen und Märchen nebst einem Anhang von Gebräuchen und Aberglauben, Berlin 1937, S. 42–44.
Der betrogene Tetzel, Kuhn Adalbert, Märkische Sagen und Märchen nebst einem Anhang von Gebräuchen und Aberglauben, Berlin 1937, S. 91/92.
Der Feuergeist von Dahme, Burckhardt, Albert, Märkische Sagen und Märchen, Berlin 1960, S. 186–189.
Der Spuk auf dem Schloß, Kuhn Adalbert, Märkische Sagen und Märchen nebst einem Anhang von Gebräuchen und Aberglauben, Berlin 1937, S. 68/69.
Selberjedan und der Wassernix, Schwartz, Wilhelm, Sagen und alte Geschichten der Mark Brandenburg, 3. verm. Aufl., Berlin (1895), S. 61/62.
Die stummen Frösche von Schwante, Kuhn Adalbert, Märkische Sagen und Märchen nebst einem Anhang von Gebräuchen und Aberglauben, Berlin 1937, S. 162.
Die Hexenfahrt zu Walpurgis, Schwartz, Wilhelm, Sagen und alte Geschichten der Mark Brandenburg, 3. verm. Aufl., Berlin (1895), S. 55/56.
Der Kobold zu Milow, Kuhn Adalbert, Märkische Sagen und Märchen nebst einem Anhang von Gebräuchen und Aberglauben, Berlin 1937, S. 55.
Der Birnbaum auf dem Kirchhof zu Ribbeck, Schwartz, Wilhelm, Sagen und alte Geschichten der Mark Brandenburg, 3. verm. Aufl., Berlin (1895), S. 49.
Die Totenfahrt, Kuhn Adalbert, Märkische Sagen und Märchen nebst einem Anhang von Gebräuchen und Aberglauben, Berlin 1937, S. 138/139.
Das Wechselbalg und die Untererdschken, Schwartz, Wilhelm, Sagen und alte Geschichten der Mark Brandenburg, 3. verm. Aufl., Berlin (1895), S. 63/64.
Der Röwerbarch bei Feeben, Kuhn Adalbert, Märkische Sagen und Märchen nebst einem Anhang von Gebräuchen und Aberglauben, Berlin 1937, S. 64–66.
Kohlhaas und die unschuldig Gehenkten, Kunzendorf, Paul, Sagen der Provinz Brandenburg, Cottbus (1911), Nr. 48.
Der Teufel als Spielmann, Kunzendorf, Paul, Sagen der Provinz Brandenburg, Cottbus (1940), S. 81/82.
Der Schusterjunge und das Bernauer Bier, Schwartz, Wilhelm, Sagen und alte Geschichten der Mark Brandenburg, 3. verm. Aufl., Berlin (1895), S. 17/18.
Von Kobolden in Strausberg, Kuhn Adalbert, Märkische Sagen und Märchen nebst einem Anhang von Gebräuchen und Aberglauben. Unveränderter Neudruck nach der Ausgabe von 1843, Stuttgart 1961, S. 191–193.
Der Wettbewerb mit dem Teufel, Graffunder, P., Nachtrag zu den Sagen der Mark Brandenburg, Berlin 1912, S. 28.
Der Knabe und die Schwanenmädchen, Paul, Richard, Sagen und Geschichten des Kreises Beeskow-Storkow, 2. verm. Aufl., Beeskow 1925, S. 46.
Der Nix mit dem Kuchen, Paul, Richard, Sagen und Geschichten des Kreises Beeskow-Storkow, 2. verm. Aufl., Beeskow 1925, S. 47.
Die untergegangene Stadt im Scharmützelsee, Graffunder, P., Nachtrag zu den Sagen der Mark Brandenburg, Berlin 1912, S. 23.
Zwanzig Einwohner und ein Paar Stiefel, Oßwald, Richard, Schreiben an das Museum Viadrina Frankfurt (Oder) vom 2. 11. 1979.
Das Steinkreuz an der Marienkirche zu Berlin, Monke, Otto, Berliner Sagen und Erinnerungen, Berlin 1911, Nr. 15.
Die Prinzessin im Markgrafenstein, Kuhn, Adalbert/Schwartz, Wilhelm, Norddeutsche Sagen, Märchen und Gebräuche ..., Leipzig 1848, S. 87/88.
Siegmund Nieverschrocken, Pohlandt, Max, Lebuser Sagen und Geschichten, Leipzig (1927), Nr. 12 S. 19/20.
Der Schneider von Petersdorf, Graffunder, P., Nachtrag zu den Sagen der Mark Brandenburg, Berlin 1912, S. 30.
General Sparr als Hexenmeister, Kuhn, Adalbert/Schwartz, Wilhelm, Norddeutsche Sagen, Märchen und Gebräuche ..., Leipzig 1848, S. 74–76 Nr. 76.
Der Blumenthalsche See, Kuhn Adalbert, Märkische Sagen und Märchen nebst einem Anhang von Gebräuchen und Aberglauben. Unveränderter Neudruck nach der Ausgabe von 1843, Stuttgart 1961, S. 186/187.
Junker Hansens Kehle bei der Pritzhagener Mühle, Schwartz, Wilhelm, Sagen und alte Geschichten der Mark Brandenburg, 3. verm. Aufl., Berlin (1895), S. 111/112.
Frau Harke und der Dom zu Havelberg, Kuhn Adalbert, Märkische Sagen und Märchen nebst einem Anhang von Gebräuchen und Aberglauben, Berlin 1937, S. 146/147.
Herr von Kahlebutz verwest nicht, Schwartz, Wilhelm, Sagen und alte Geschichten der Mark Brandenburg, 3. verm. Aufl., Berlin (1895), S. 151/152.
Der Pilatsch, Lohre, Hermann, Märkische Sagen, Leipzig-Gohlis 1921, S. 18–21, Nr. 19.
Der Herkunft derer von Bredow, Kuhn Adalbert, Märkische Sagen und Märchen nebst einem Anhang von Gebräuchen und Aberglauben, Berlin 1937, S. 153/154.
Nippel von Bredow und der Teufel, Kuhn Adalbert, Märkische Sagen und Märchen nebst einem Anhang von Gebräuchen und Aberglauben, Berlin 1937, S. 151–153.
Doktor Faust, Kuhn Adalbert, Märkische Sagen und Märchen nebst einem Anhang von Gebräuchen und Aberglauben, Berlin 1937, S. 160.
Die alte Spinnerin, Burckhardt, Albert, Märkische Sagen und Märchen, Berlin 1960, S. 87–90.
Die zwölf Apostel im Havelberger Dom, Kuhn Adalbert, Märkische Sagen und Märchen nebst einem Anhang von Gebräuchen und Aberglauben, Berlin 1937, S. 237.
Der Amtmann von Chorin, Schmidt, Rudolf, Chorin, Kloster und Amt, Eberswalde 1909, S. 85.
Der unsichtbare Bauer, Kuhn, Adalbert, Märkische Sagen und Märchen nebst einem Anhang. Unveränderter Neudruck nach der Ausgabe von 1843, Stuttgart 1961, S. 206/207.
Bärens Kirchhof bei Joachimsthal, Kuhn Adalbert, Märkische Sagen und Märchen nebst einem Anhang. Unveränderter Neudruck nach der Ausgabe von 1843, Stuttgart 1961, S. 218/219.

Der Knäul ohne Ende, Lohre, Hermann, Märkische Sagen, 2. Aufl., Leipzig 1928, S. 35/36, Nr. 63.

Mise-Pupise (in nieder- und hochdeutsch), Schwartz, Wilhelm, Sagen und alte Geschichten der Mark Brandenburg, 3. verm. Aufl., Berlin (1895), S. 137/138.

Die Linde auf dem Kirchhof zu Angermünde, Kuhn Adalbert, Märkische Sagen und Märchen nebst einem Anhang. Unveränderter Neudruck nach der Ausgabe von 1843, Stuttgart 1961, S. 211/212.

Der Böttcher bei den Unterirdischen, Kuhn Adalbert, Märkische Sagen und Märchen nebst einem Anhang. Unveränderter Neudruck nach der Ausgabe von 1843, Stuttgart 1961, S. 204/205.

Auf dem Teufelsberg bei Oderberg, Schwartz, Wilhelm, Sagen und alte Geschichten der Mark Brandenburg, 3. verm. Aufl., Berlin (1895), S. 124/125.

Müller Pumpfuß, Schwartz, Wilhelm, Sagen und alte Geschichten der Mark Brandenburg, 3. verm. Aufl., Berlin (1895), S. 120/121.

Der dreibeinige Hase in Niederfinow, Schwartz, Wilhelm, Sagen und alte Geschichten der Mark Brandenburg, 3. verm. Aufl., Berlin (1895), S. 126.

Woher der Suckow'sche Kammerherr das Zaubern gelernt, Schwartz, Wilhelm, Sagen und alte Geschichten der Mark Brandenburg, 3. verm. Aufl., Berlin (1895), S. 118/119.

Der Ritter von Uchtenhagen auf dem «Roten Land», Kunzendorf, Paul, Sagen der Provinz Brandenburg, Cottbus (1940), S. 75/76.

Das Krönlein des Otternkönigs, Schmidt, Rudolf, Märkisches Sagenbuch, Charlottenburg 1909, S. 100.

Der schlafende Schuster im Reitweiner Schloßberg, Lohre, Hermann, Märkische Sagen, 2. Aufl., Leipzig 1928, S. 15, Nr. 26.

Die Strafe zweier Betrüger, Engelien, A./Lahn, W., Der Volksmund in der Mark Brandenburg, 1. Teil, Berlin 1868, S. 92–94.

Die goldene Hirschkuh, Engelien, A./Lahn, W., Der Volksmund in der Mark Brandenburg, 1. Teil, Berlin 1868, S. 85/86.

Der Fuchs lernt fliegen, Lohre, Hermann, Märkische Sagen, 2. Aufl., Leipzig 1928, S. 54/55, Nr. 92.

Die drei Faulen (in nieder- und hochdeutsch), Frankfurt an der Oder. Der Spiegel der Heimat, Frankfurt (Oder) (1928), S. 18.

Die Riesen von Guben, Neumann, Ernst Wilhelm, Märkische Märchen, Sagen und Geschichten, Berlin 1955, S. 94–95.

Die unbarmherzige Edelfrau, Witte, A. M., Uckermärkische Sagen, in: Der Uckermärker 1926, Nr. 51.

Der Bud, von Schulenburg, Willibald, Wendische Volkssagen und Gebräuche aus dem Spreewald, 2. verb. Aufl., Cottbus 1930, S. 65.

Der Wechselgroschen, Gander, Karl, Niederlausitzer Volkssagen vornehmlich aus dem Stadt- und Landkreise Guben, Berlin 1896, S. 24/25, Nr. 65.

Der Jedute, Schmidt, Rudolf, Wriezen. Geschichte der Stadt in Einzeldarstellungen, Band 1, Bad Freienwalde 1931, S. 215/216.

Kegelschiebende Geister in der Wenzelsburg, Gander, Karl, Niederlausitzer Volkssagen vornehmlich aus dem Stadt- und Landkreise Guben, Berlin 1896, S. 128, Nr. 329.1.

Die blaue Blume, Lohre, Hermann, Märkische Sagen, Leipzig-Gohlis 1921, S. 122/123, Nr. 199.

Wie Schulze Hoppe das Wetter gemacht, Kuhn, Adalbert/Schwartz, Wilhelm, Norddeutsche Sagen, Märchen und Gebräuche ..., Leipzig 1848, S. 356/357, Nr. 14.